SPUKSCHLOSS DEUTSCHLAND

Der Zeitgeist als Gespenst einer Generation

Bibliografische Information der Deutschen Nationalbibliothek:

Die Deutsche Nationalbibliothek verzeichnet diese Publikation in der Deutschen Nationalbibliografie; detaillierte bibliografische Daten sind im Internet über http://dnb.d-nb.de abrufbar.

Verlag: JUWELEN - Der Verlag

Umschlaggestaltung: JUWELEN - Der Verlag

Layout: Ramin Peymani und JUWELEN - Der Verlag

Copyright © 2016 Ramin Peymani
Alle Rechte vorbehalten
www.juwelenverlag.de

ISBN 978-3-945822-07-4

SPUKSCHLOSS DEUTSCHLAND

Der Zeitgeist als Gespenst einer Generation

JUWELEN

RAMIN PEYMANI

Aus dem Inhalt

Prolog   9

„Solidarität!"
Wenn Gutmenschen fremdes Geld verschenken   11

Beck und der Nürburgring
Warum haften Berufspolitiker nicht?   13

Zaubern auf Italienisch
Draghi verwandelt Euro in Lira   15

Verlags-Zensur
Die Moralpolizei marschiert ins Kinderzimmer ein   17

„RAF" reloaded
radikal, anti, faschistisch   19

Richter als Aufklärer
Schulpflicht statt religiöser Eskapaden   21

Diät geht anders
Selbstbedienung am üppigen Steuerbuffet   23

Grüner Flaschengeist
Umweltschutz als neuer Totalitarismus   25

Die Ampelquote
Geschlechterkampf am Fußgängerüberweg   27

KiKA klärt auf
Kindererziehung im links-grünen Geist   30

Anmaßender Amtsträger
Die Geiselnahme des Demonstrationsrechts   33

Politisch korrekte Sauerei
„Schweinchen Babe" muss gehen   36

Heuschrecken im Rathaus
Warum überall das Geld fehlt   39

Brandherd Euro
Griechenlands Radikalisierung ist erst der Anfang   42

Gelinkte Leipziger
Jung ruft einseitigen „Polizeinotstand" aus   45

Der „Fall Güçlü"
Bürgerrechte als Opfer grüner Parteitaktik   48

„Dumme Gauner"
Der SPD-Angriff auf den Mittelstand   51

Der verhinderte „Grexit"
Noch ein paar Runden Ouzo aufs Haus   54

Links geht immer
Seien wir gute Linksextremisten!   57

Mehr als ein Kopftuch
Das fatale Karlsruher Missverständnis   60

Die Verharmloser
Linke Willkommenskultur für den Schwarzen Block   63

Schwarzer Freitag
Die Pietätlosigkeit radikaler FeministInnen   66

„Heile, heile, Gänsje"?
In Mainz wird nichts mehr gut!   69

Feindbild Bürgertum
Die Medienhetze linker Propaganda   72

Codename „Lobby Control"
Der lange Arm der Wahlkämpfer   75

Die Wunderheilungs-App
Von der Leichtgläubigkeit der Menschen   78

Gebremste Gier
Commerzbank zahlt weiter „Hunger-Boni"   81

Der Grobe und der Grube
Weselsky steuert Lokführer aufs Abstellgleis   84

Klassenkampf im Hörsaal
Die Verleumdungsfreiheit linker Extremisten   87

Das Trojanische Pferd
Frontalangriff auf die „geprägte Freiheit"   90

Merkels Maut-Trick
Große Koalition kann sich auf Brüssel verlassen 93

„Unhistorisch und unpolitisch"
Eine Klima-Göttin wittert Blasphemie   96

Schneller Sinneswandel
Ulusoy reicht der Sieg des Islam   99

„Mein Kind, mein Hund!"
Ein Plädoyer für mehr Eigenverantwortung   102

Weg mit dem Wettkampf
Die fehlende Demut einer Helikoptermutter   105

Die Flucht zum Arzt
Wie die grüne Ideologie dem Asylrecht schadet   108

„Ich bin doch nicht blöd"
Bleibt der Euro, dann scheitert Europa!   111

Krugman und Stiglitz
Primitiv-Keynesianismus als Kassenschlager 114

Ganz schön uncool
Langenscheidts alternde Berufsjugendliche 117

Der Drehtüreffekt
Die Verlockung der Heimkehrprämie 120

Reschkes Aufstand
Die Antwort eines Anständigen 123

Der grüne Wunschtraum
Wind und Sonne, Luft und Liebe 126

Das Faschismus-Comeback
Meinungskontrolle und Medienzensur 129

Marmor, Stein und Eisen bricht
Aber unser Staatsfunk nicht! 132

Trotz aller Tragödien
Auswanderer sind keine Flüchtlinge 135

„Auf der Flucht"
Das Propagandafest der grenzenlosen Peinlichkeiten 138

Die Staatskrise
Berliner Drohgebärden als Dokument des Scheiterns 141

Die Akte „Naruto"
Ein Affe als Geisel militanter Tierschützer 144

Obama, EU und Merkel
Der Friedensnobelpreis schafft sich ab 147

Zalandos „Sachleistungen"
Der Balkan schreit vor Glück 150

Peinliche PR-Posse
Es fährt ein Boot nach nirgendwo				153

Meinungsfreiheit am Pranger
Stasi und Gestapo als medialer Zeitgeist				156

Fahimis Flucht
Der gescheiterte Linksruck der SPD				159

Das „Klima-Asyl"
Hendricks auf der Suche nach neuen Flüchtlingen				162

Merkels Märchen
„Die Bundeskanzlerin hat die Lage im Griff"				165

Frankreich in der Täterrolle
Das ZDF erklärt Kindern den Islamismus				168

Alberne Klima-Theorie
Der Mann als geborener Feind der Umwelt				171

Zielscheibe Zuckerberg
Ein Spender im Fadenkreuz der Staatsgläubigen				174

Linksterror als Bürgerrecht
Die ANTIFA – Liebling von Medien und Politik				177

Berliner Bescherung
Der Parteienstaat beschenkt sich selbst				180

„Schülergate" in Bremen
Lupenreine Demokraten feiern den Stimmenklau				183

Und dann war da auch noch das...				186

Prolog

In Deutschland spukt es. Immer unverfrorener treibt ein gespenstischer Zeitgeist sein Unwesen. Er lauert uns jedoch nicht aus dem Schutz der Dunkelheit auf, sondern erscheint uns dreist am helllichten Tag, in gesellschaftlichen Debatten, in den Medien und in der Politik. Er hat sich unseres Alltags bemächtigt und artikuliert sich durch Sprechpuppen, denen jeglicher Verstand abhanden gekommen zu sein scheint. Dieser Zeitgeist kennt nur ein Ziel: Er will uns umerziehen. Wer dennoch selbständig denkt und sich in seinen eigenen Worten ausdrückt, darf sich sicher sein, irgendwann ins Visier von Sprachpolizisten und Tugendwächtern zu geraten.

Akribisch wachen diese in den Redaktionsstuben, in den sozialen Netzwerken und in den zahllosen Organisationen der selbsternannten Guten darüber, dass wir uns ihrer Ideologie nicht entgegenstellen. Wehe dem, der es wagt. Längst gehören öffentliche Pranger zum selbstverständlichen Ritual, um unliebsame Meinungen zu unterdrücken. Zwar muss niemand fürchten, wegen seiner Auffassung gleich eingekerkert zu werden, doch wirken die Mechanismen der Denunziation weit zuverlässiger, als es jede Folter könnte. Die links-grüne Gesinnungspolizei hat sich über eine einseitige Medienberichterstattung inzwischen die Meinungsführerschaft gesichert und treibt die Gesellschaft vor sich her.

Die Wirkung bleibt nicht aus: Inzwischen traut die Hälfte der Bevölkerung sich nicht mehr, zu bestimmten Themen öffentlich Stellung zu nehmen. Und auch die Berufspolitik kuscht. Um nicht zu riskieren, von der Journaille aus dem Amt geschrieben zu werden, schließt sie sich immer zahlreicher dem links-grünen Mainstream an. Man wechselt lieber ins Lager der Gutmenschen, als für die eigenen Überzeugungen einzutreten, getreu dem Grundsatz, dass totalitäre Systeme jenen den sichersten Schutz gewähren, die sich ihnen bedingungslos unterordnen.

Im perfiden Zusammenspiel von Medien und Politik bedienen sich die totalitären Umerzieher faschistischer Methoden: Andersdenkende werden ausgegrenzt, beschimpft und beleidigt. Anhänger abweichender Meinungen werden zu Feinden der Gesellschaft erklärt. Im Deutschland des 21. Jahrhunderts gehört Mut dazu, die gescheiterte Energiewende, die sozialistische Umverteilung oder die verordnete Willkommenskultur zu kritisieren. Wo Argumente fehlen – und sie fehlen oft –, gilt das Dogma der Alternativlosigkeit oder der Leitsatz „Wir schaffen das!"

Seit Jahren zeichne ich den alltäglichen Wahnsinn einer aus den Fugen geratenen Demokratie auf. Werfen Sie auf den folgenden Seiten mit mir einen kurzen Blick zurück auf neun schaurig-zeitlose Geschichten aus der „Klodeckel-Trilogie". Tauchen Sie dann ein in mehr als 50 neue Zeitgeist-Eskapaden. Die Geister, die wir riefen, werden uns im „Spukschloss Deutschland" noch lange verfolgen.

„Solidarität!"
Wenn Gutmenschen fremdes Geld verschenken

Ulrich Schneider, Hauptgeschäftsführer des Deutschen Paritätischen Wohlfahrtsverbandes, darf sich heute über den „Klodeckel des Tages" freuen. Er mokierte sich dieser Tage heftig darüber, dass die Bundesregierung über die Bundesarbeitsagentur Ende Februar ein seit fast 60 Jahren bestehendes Schlupfloch geschlossen hat. Flankiert von den bekannten Gutmenschen der grünen und linken Szene kritisierte Schneider die nunmehr erfolgte Gleichstellung Arbeitssuchender aus Süd- und Südosteuropa mit den Bürgern aller übrigen europäischen Staaten als ein „Europa- und sozialpolitisch geradezu fatales Signal".

Worum es dabei geht: Am 23. Februar hatte die Bundesagentur für Arbeit eine Geschäftsanweisung an ihre Jobcenter erlassen, nach der die Regelungen des sogenannten Europäischen Fürsorgeabkommens (EFA) aus dem Jahr 1953 ab sofort nicht mehr anzuwenden sind. Dadurch können Einwanderer aus den vom Abkommen erfassten Staaten (unter anderem Portugal, Spanien und Griechenland) künftig nicht mehr automatisch Grundsicherung in Deutschland beanspruchen, ohne jemals hier gearbeitet zu haben. Dieses Privileg war vor allem für Arbeitssuchende aus jenen europäischen Staaten eingerichtet worden, die in den 1950er Jahren überwiegend noch als Entwicklungsländer galten.

Was nach dem II. Weltkrieg als stabilitäts- und vertrauensbildende Maßnahme gedacht war, hatte stillschweigend fast sechs Jahrzehnte überlebt. Längst war es Zeit, nicht mehr nur der eigenen Bevölkerung in der jährlichen Weihnachtsansprache den Auftrag zu erteilen, den Gürtel enger zu schnallen, sondern auch dort anzusetzen, wo die Sozialromantiker das Füllhorn deutscher Wohltaten nicht üppig genug in der Welt verteilen können. Warum nun große Teile der SPD und der Grünen in dem überfälligen Akt eine „einseitige Aufkündigung der europäischen Solidarität" sehen, bleibt ihr Geheimnis. Dass jahrzehntelang eine Ungleichbehandlung europäischer Bürger durch die deutschen Behörden erfolgt war, scheint die linksgrünen Freibier-Populisten nicht zu kümmern.

„Willkommenskultur bedeutet nicht die Einladung zur Einwanderung in die Sozialsysteme", kommentierte Ministeriumssprecher Flosdorff den Aufschrei. Genau das aber scheinen weite Teile der inzwischen überwiegend linken Parteienlandschaft für „gelebte Solidarität" zu halten. In einer Zeit, in der die Milliarden an so ziemlich jeden verteilt werden, der vorher genug Geld verpulvert hat, ist es nicht mehr populär, Vernunft walten zu lassen. Die sogenannte politische Elite ist vom Irrglauben besessen, die Veruntreuung deutscher Steuergelder bringe uns Bonuspunkte im Rest Europas ein. Diese Hoffnung dürfte sich spätestens mit den unfreundlichen Reaktionen der griechischen Bevölkerung auf die deutschen Hilfsmilliarden zerschlagen haben.

Beck und der Nürburgring
Warum haften Berufspolitiker nicht?

Heute geht der „Klodeckel des Tages" an den rheinland-pfälzischen Ministerpräsidenten Kurt Beck. Zerknirscht musste der ehemalige Elektromechaniker Mitte der Woche eingestehen, dass sein Lieblingsprojekt, die Nürburgring GmbH, einen kapitalen Kurzschluss erlitten hat. In einem offensichtlichen Anflug von Größenwahn hatte Beck insgesamt 330 Millionen Euro öffentlicher Mittel in den Aufbau eines Hotelkomplexes samt Freizeitpark an der traditionsreichen deutschen Rennstrecke in der Eifel gepumpt. Natürlich konnten die Investitionen dabei nicht gigantisch genug ausfallen. Wenn man schon Geld ausgibt, das einem nicht gehört, dann mit vollen Händen!

Wo der Normalbürger bei der eigenen Wohnungseinrichtung an allem nicht unbedingt Notwendigen spart, greifen hauptamtliche Politiker gerne ins oberste Regal. Und so umfasst der riesige Komplex eine Großdiskothek, acht Restaurants, eine Spielbank, eine Mehrzweckhalle und einen ganzjährig geöffneten Erlebnispark samt der vermeintlichen Hauptattraktion, der schnellsten Achterbahn der Welt. Nun ist das Projekt – und mit ihm Beck – grandios gescheitert. Wie Fachleute bereits bei der Eröffnung im Jahr 2009 befürchtet hatten, war es ein naiver Traum zu glauben, man könne schon ein Jahr später Gewinne erzielen, wie dies SPD-Mann Beck seinerzeit in Aussicht gestellt hatte.

Ganze 500 zusätzliche Arbeitsplätze versprach er darüber hinaus der strukturschwachen Region. Doch selbst diese geringe Zahl wurde niemals auch nur annähernd erreicht. Wer fährt schon in die Eifel, um mal in einen Freizeitpark zu gehen – Raketen-Achterbahn hin oder her? Was soll eine Spielbank dort? Wer braucht eine Mega-Disko? Man kann nur zu dem Schluss kommen, dass sich der eitle Herr Beck – wie die meisten seiner in Wirtschaftsfragen äußerst dürftig gerüsteten Berufskollegen – von seinem Beraterstab hat einlullen lassen. Und wie es offenbar üblich ist, wurde dieser Stab wohl von Lobbyisten gesteuert, die ihren Klienten auf Kosten des Steuerzahlers die Taschen füllen.

Die vom Staat bezahlten Firmen haben jedenfalls beim Bau der Großanlage prächtig verdient – die Insolvenz trifft jetzt ausschließlich das Land (90%) und den Landkreis Ahrweiler (10%). Beck kann es egal sein – es gibt ja noch den Länderfinanzausgleich. Und in den zahlt neben Bayern der liebe Nachbar Hessen üppig ein, übrigens seit Bestehen fast ununterbrochen. Allein im vergangenen Jahr kamen mehr als 1,8 Milliarden Euro von der anderen Rheinseite! Da können die Genossen in Berlin, in Bremen und in Rheinland-Pfalz (die drei westdeutschen Länder, die sich 2011 am gierigsten bedient haben) fröhlich weiter Freibier ausschenken. Und die Hessen machen Miese, um die Schulden auf der anderen Rheinseite zu bezahlen. Absurder geht´s nicht.

Zaubern auf Italienisch
Draghi verwandelt Euro in Lira

Den „Klodeckel des Tages" erhält Mario Draghi. Zu gerne würde ich ihm auch noch die Kloschüssel hinterherwerfen, doch die könnte mir aufgrund akuter Übelkeit noch nützlich sein. Die Entscheidung der Europäischen Zentralbank, zukünftig zeitlich und betragsmäßig unbegrenzt Ramsch-Anleihen der maroden Südländer aufzukaufen, muss jedem aufstoßen, der seine sieben Sinne beisammen hat. Rechtsbrüche sind im europäischen Politikdiktat inzwischen an der Tagesordnung, wenn man sich als Demokrat auch nur schwer daran gewöhnen kann. Dass aber nun sämtliche Parlamente von einem nicht demokratisch legitimierten Gremium handstreichartig übergangen werden, schlägt dem Fass den Boden aus.

Schon bei Draghis Amtsantritt an der EZB-Spitze hatte ich es als Treppenwitz der Geschichte bezeichnet, dass nun ausgerechnet ein Banker aus jenem Land für die Geldwertstabilität verantwortlich ist, das zu Lira-Zeiten mit dem Drucken immer größerer Geldscheine gar nicht mehr hinterherkam. So groß wie Topflappen waren die Banknoten zeitweise, bevor wieder einmal drei Nullen weggestrichen wurden. Eine „Bella Figura" machte Italiens Geldpolitik nie. Nun also ist die Euro-Mafia am Ziel ihrer Träume. „Moment!", werden einige empört einwerfen, die betreffenden Länder müssten dafür ja auch unter den Rettungsschirm.

Das ist zwar richtig, aber mit der EZB-Entscheidung hat dieser Schritt seinen Schrecken verloren. Niemand muss künftig mehr befürchten, an tatsächlichen Sparauflagen gemessen zu werden, zumal der ESM-Gouverneursrat allein entscheidet, ob und wann die Sünder die Härte der Geberländer trifft. Und das Stimmgewicht im Rat lässt Schlimmes erahnen, wenn erst einmal die Franzosen (wie es sich seit Hollandes Amtsantritt längst abzeichnet) nicht mehr an der Seite Deutschlands stehen. Der Süden Europas, der noch nie mit Geld umgehen konnte, darf sich also auch in Zukunft gerne das eine oder andere Cerveza auf Kosten des deutschen Steuerzahlers gönnen, einen leckeren Ouzo aufs Haus genießen oder nachmittags gemütlich beim Espresso im sizilianischen Schatten sitzen.

Fast ist es da egal, wie das Bundesverfassungsgericht in der kommenden Woche zum Thema ESM entscheiden wird. Alles Makulatur, nachdem die Europäische Zentralbank die Geldschleusen aufgemacht hat und in die direkte Staatsfinanzierung eingestiegen ist. Bestraft werden auf diese Weise jene Länder, die sich zumindest bemühen, ihre Finanzen im Griff zu behalten. Eine weitere Schröpfung für die deutschen Steuerzahler ist also absehbar. Irgendjemand muss die Zeche nämlich am Ende zahlen. Europas Schuldenmacher haben ihr Ziel erreicht, die Gelddrucker legen Sonderschichten ein und Draghi lacht. Bienvenuti nella nuova Europa!

Verlags-Zensur
Die Moralpolizei marschiert ins Kinderzimmer ein

Als Autor möchte man es sich nicht unbedingt mit Verlagen verderben, doch das Stück, das Klaus Willberg vom Stuttgarter Thienemann-Verlag derzeit aufführt, verdient tatsächlich den „Klodeckel des Tages". Man fragt sich, in welche Abgründe uns die allgegenwärtige politische Korrektheit wohl noch führen wird. Die Welle, die von Amerika vor zwei Jahrzehnten zunächst fast unbemerkt, dann aber immer heftiger zu uns nach Deutschland herüber schwappte, verschlimmbesserte allzu oft, was keiner Korrektur bedurft hatte. Willberg ist wild entschlossen, die in seinem Verlag erschienenen Kinderbücher einer sprachlichen Säuberung zu unterziehen. „Nur so bleiben sie zeitlos", so der Verleger. Gemeint ist wohl: „Nur so erziehen wir die Kinder so, wie ich es will!"

Nichts soll die zarten Seelen der jungen Leser in Mitleidenschaft ziehen, die nach Willbergs Überzeugung durch die Lektüre politisch unkorrekter Bücher dauerhaft Schaden nehmen könnten. Nicht auszudenken, wenn er und sein Verlag am Ende gar Schuld wären am Heranwachsen einer ganzen Generation von Rassisten, weil in einem der angebotenen Bücher von „Negerlein" die Rede ist. Das muss verhindert werden, und zwar mit der üblichen deutschen Gründlichkeit, die im Schwabenland seit jeher ihre eifrigsten Verfechter findet. Da kennen die Erfinder der Kehrwoche kein Pardon!

Und gekehrt wird auch bei Willberg mit Feuereifer. Er setzt sich an die Spitze der Umerzieher, die hierzulande seit Jahren unerbittlich sämtliche Lebensbereiche durchkämmen. Da nur sie wissen, was gut für die Menschen ist, darf auch nur ihre Ideologie am Ende überleben. Für Sachargumente bleibt da kein Platz. Man fühlt sich unweigerlich an Sekten erinnert. Nun ist Willberg nicht der erste Verleger, der Bücher zensiert, doch ist der aktuelle Vorgang so spektakulär, weil er einen der populärsten deutschen Kinderbuchautoren betrifft. Ottfried Preußler widersetzte sich lange, ist aber mit 89 Jahren nicht mehr in der Lage, der Sprachpolizei Einhalt zu gebieten.

Er kann nicht verhindern, dass seine Klassiker „Die kleine Hexe" oder „Räuber Hotzenplotz" Opfer der „sprachlichen Weiterentwicklung" werden, wie es Willberg verharmlosend formuliert. Vor einigen Jahren hatte ein Verlag aus Hamburg der guten alten „Pippi Langstrumpf" ihre „Neger" und „Zigeuner" ausgetrieben, weil es für die Welt angeblich besser sei, derartige Worte nicht mehr auf Papier zu drucken. Man darf gespannt sein, wann sich die Weltverbesserer nicht mehr nur mit der Beschneidung zeitgenössischer Autoren zufriedengeben, sondern auch Goethe, Schiller und Brecht bis zur Unkenntlichkeit verstümmeln. Spiegel-Kolumnist Jan Fleischhauer fällt dazu ein vernichtendes Urteil: „Es ist die vorauseilende Entschuldigungsbereitschaft, die das politische Lektorat vom Ernsthaften ins Lächerliche führt." Dem ist nichts hinzuzufügen.

„RAF" reloaded
radikal, anti, faschistisch

Linksextremismus wird zunehmend zum Problem in unserem Land. Kann unsere Jugend mit dem Begriff „RAF" heute oft nichts mehr anfangen, läuft all jenen ein kalter Schauer über den Rücken, die vor 1970 geboren wurden. Schon erkennt man Anzeichen einer Wiedergeburt der „Roten Armee Fraktion". Sie scheint sich vorrangig aus den Nachwuchsorganisationen der Linkspartei und der Grünen zu speisen, in denen anarchistisches Gedankengut, Gewaltbereitschaft und Radikalismus immer häufiger offen artikuliert werden. Erinnert sei an die Kampagne „Ich bin linksextrem!" der beiden Jugendorganisationen. Wer sich durch über Eintausend Kommentare von Sympathisanten kämpft, versteht schnell, welche Gefahr hier für unseren demokratischen Staat heranwächst.

Stellvertretend für die besorgniserregend steigende Zahl gewaltbereiter Linksextremer geht der „Klodeckel des Tages" an die sogenannten Antifaschisten, die am gestrigen Samstag in Bremen eine Parteiveranstaltung stürmten und dabei 16 Menschen verletzten, unter denen sich auch zwei Kinder befanden. Nachdem es in jüngster Zeit mehrfach zu Übergriffen und Sachbeschädigungen durch Linksextreme gekommen war, ist mit dem jüngsten Vorfall ein neuer unrühmlicher Höhepunkt erreicht worden. Angesichts dieser Entwicklung können Demokraten nicht einfach zur Tagesordnung übergehen.

Wenn Wahlkampfveranstaltungen demokratischer Parteien nur noch unter Polizeischutz stattfinden können, wenn freiwillige Helfer beim Plakatieren Angst um Leib und Leben haben müssen und wenn über den Wahlausgang jene Gruppierungen entscheiden, die über die perfidesten Methoden der Einschüchterung verfügen, dann ist unsere Demokratie am Ende. Zu lange haben die Medien, angeführt von der großen Schar linkshöriger Journalisten, das Problem des Linksextremismus in Deutschland bagatellisiert. Gerne werden Steine werfende linke Terrorbanden als Demonstranten verniedlicht und respektvoll Linksautonome genannt. Autonom klingt ja auch gut, irgendwie nach Selbständigkeit und Verantwortung.

Die Medien tragen die Hauptschuld am Heranreifen einer ganzen Generation junger Leute, denen die latente Gefahr des linken Terrors unbekannt ist. Und sie vermitteln Heranwachsenden den Eindruck, ungerecht behandelt zu werden: Vom Staat, der verlangt, dass sie ihren Lebensunterhalt mit Arbeit verdienen, wo doch ein bedingungsloses Grundeinkommen viel cooler wäre; von der Gesellschaft, in der viele mehr haben als sie selbst und partout nichts verschenken möchten; und von der Politik, die nicht hinterherkommt, ihnen immer mehr Lasten der persönlichen Lebensführung abzunehmen. Hier geht die Saat der Berichterstattung auf, die eine Kultur des Forderns etabliert hat, in der es nur noch Rechte, aber keine Pflichten mehr gibt. Gewalt ist der Begleiter der Anarchie. Seien wir wehrhaft, geben wir der „RAF 2.0" keine Chance!

Richter als Aufklärer
Schulpflicht statt religiöser Eskapaden

Es ist so eine Sache mit dem Islam. Über die Religion an sich müsste man sich gar nicht so sehr aufregen, gäbe es nicht die Menschen, die den Islam mit allen möglichen Auslegungen aufladen und ihn zur Ideologie verzerren. Für diese Fanatiker ist Religion auch keinesfalls Privatsache, sondern Teil des gesellschaftlichen Lebens, dem sich die Politik unterzuordnen hat. Es ist daher gut, dass in der abgelaufenen Woche das Bundesverwaltungsgericht in Leipzig eine Klage abgeschmettert hat, bei der sich der Verdacht aufdrängt, hier sei einmal mehr versucht worden, den eigenen Glauben im Kampf der Kulturen als Waffe einzusetzen.

Und so geht der „Klodeckel des Tages" an die 13-jährige Schülerin aus Frankfurt, die sich ihre Befreiung vom Schwimmunterricht erstreiten wollte. Sie darf ihn an ihre Eltern weiterreichen, denn es ist schwer vorstellbar, dass das damals elf Jahre alte Kind aus freien Stücken den Rechtsweg beschritt, weil es nicht gemeinsam mit den Klassenkameraden schwimmen gehen wollte. Die Klägerin hatte argumentiert, der Koran verbiete es ihr, sich dem anderen Geschlecht leicht bekleidet zu zeigen. Diesbezüglich war sie vom Hessischen Oberverwaltungsgericht bereits in die Schranken gewiesen worden, das die Teilnahme am Schulschwimmen im sogenannten Burkini als zumutbar angesehen hatte.

Doch selbst diesen Ganzkörperbadeanzug empfand das Mädchen als nicht mit ihrem Glauben vereinbar, weil er eng am Körper anliege und – einmal nass geworden – die Konturen eher betone, statt sie zu verhüllen. Nun ist der Deckel drauf auf dieser unsäglichen Geschichte, bei der das muslimische Mädchen wohl eher das Opfer seiner Eltern, als ein Opfer der deutschen Rechtsprechung geworden ist. Der Vorgang zeigt, dass eine Religion, die gut 600 Jahre jünger ist als das Christentum, noch einen langen Weg vor sich hat, um die Trennung zwischen Kirche und Staat zu vollziehen. Darüber hinaus hängt eine vorbehaltlose Begegnung der Religionen vor allem davon ab, dass die Zahl jener Muslime abnimmt, die den Islam in erster Linie als Weltanschauung betrachten – und nicht einfach nur als Glauben.

Dies musste auch das Christentum über viele Jahrhunderte erst erlernen. Glaube ist Privatsache. Natürlich organisiert er sich, so wie alle Gleichgesinnten sich organisieren, sei es in Vereinen, in Parteien oder eben in Kirchen. Doch alles, was über das Bilden derartiger Gemeinschaften hinausgeht, wird als aufdringlich empfunden und schafft Missmut. Vor allem aber schränkt es die Freiheit derer ein, die an diesen Gemeinschaften nicht aktiv teilhaben möchten. Man muss den Muslimen in Deutschland und anderswo ins Gebetbuch schreiben, dass ihre Religion erst mit dem Rückzug ins Private ihre Aufdringlichkeit verliert, die heute noch viel Argwohn weckt. Das Urteil des Gerichts ist ein notwendiger Beitrag dazu.

Diät geht anders
Selbstbedienung am üppigen Steuerbuffet

Der „Klodeckel des Tages" geht diesmal an die 464 Abgeordneten des Deutschen Bundestages, die sich am Freitag für die abermalige Anhebung der eigenen Bezüge aussprachen und dabei zugleich einen Automatismus für künftige Erhöhungen einbauten, der Bundestagsmitgliedern bald Jahresgehälter von mehr als 120.000 Euro bescheren wird. Es ist eine Farce, dass Parlamentarier die einzige Berufsgruppe bilden, die ihre Entlohnung selbst festlegt. Millionen unserer Steuergelder werden auf diese Weise unter einer kleinen gierigen Truppe aufgeteilt. Dabei haben sich die Abgeordneten des Bundestages erst kürzlich einen kräftigen „Schluck aus der Pulle" gegönnt.

2011 erhöhten sie sich ihre monatlichen Bezüge in einer Nacht- und Nebelaktion mal eben auf 7.960 Euro, um sie eineinhalb Jahre später auf 8.252 Euro ansteigen zu lassen. Nun sichern sich die Unersättlichen eine weitere, fast zehnprozentige Steigerung. Zwar folgte der Bundestag dem Vorschlag der eigens gebildeten Expertenkommission, doch dürften wohl nur die naivsten Zeitgenossen davon ausgehen, dass hier ein unabhängiges Gremium die Vorarbeit zu einer politisch gewollten Entscheidung geleistet hat. Die Diätenerhöhungen werden den Bundeshaushalt in diesem und im kommenden Jahr mit mehr als fünf Millionen Euro zusätzlich belasten, während überall Sparsamkeit verordnet wird.

Vergessen werden darf auch nicht, dass die 631 Bundestagsabgeordneten steuerlich wie Beamte behandelt werden und damit nur einen Bruchteil dessen entrichten, was normale Arbeitnehmer mit vergleichbarem Gehalt leisten. So durfte sich 2013 ein verheirateter MdB mit zwei Kindern in Steuerklasse 3 über ein Jahreseinkommen von mehr als 73.000 Euro netto freuen. Für den Fall, dass dieser Abgeordnete keine Kirchensteuer zahlte, lag der Gesamtanteil seiner Abzüge nicht einmal bei 25%, weil Parlamentarier keine Sozialabgaben leisten. Da läuft dem Nachwuchs in den Kaderschmieden der Parteien das Wasser im Mund zusammen. So viel lässt sich als ewiger Student nirgends verdienen.

Zwar hat der Bundestag zugleich auch die Regelungen für die Altersbezüge der Abgeordneten leicht verschärft, doch sind die Abschläge durch den Mehrverdienst schon lange vor dem Renteneintrittsalter überkompensiert und damit reine Augenwischerei. Zudem darf jeder Abgeordnete zusätzlich mehr als 4.200 Euro monatlich steuerfrei dafür einstreichen, dass er ein Büro unterhält und ihm Kosten im Zusammenhang mit seinem Mandat entstehen. Wer es clever anstellt, verfügt schon heute über 10.000 Euro netto pro Monat. Angesichts dieser Zahlen sollte irgendwann auch dem braven deutschen Michel mal der Kamm schwellen. Der Bundestag macht sich die Taschen voll, während vor Ort die marode Infrastruktur zerfällt. Wir brauchen endlich einen Aufstand der Anständigen! Stoppen wir die Berliner Selbstbediener!

Grüner Flaschengeist
Umweltschutz als neuer Totalitarismus

Einmal mehr geht der „Klodeckel des Tages" an die Umerzieher mit der Sonnenblume, diesmal an den grünen Bremer Umweltsenator Joachim Lohse. Der preschte am Dienstag mit der Veröffentlichung des Entwurfs für ein Gesetz vor, dessen Inhalt er offenbar mit seinen Koalitionspartnern von der SPD zuvor nicht abgestimmt hatte. Sorgte schon dies für Verstimmung im rot-grünen Bündnis, so ließ ein besonderes Detail in Lohses Machwerk auch den Kamm der übrigen Beobachter schwellen. Der frühere leitende Geschäftsführer des Öko-Instituts hatte im Referentenentwurf des Bremischen Klimaschutz- und Energiegesetzes einen Passus mit Sprengkraft eingebaut.

Dieser erlaubt den „mit dem Vollzug beauftragten Personen, in Ausübung ihres Amtes Grundstücke und bauliche Anlagen einschließlich der Wohnungen zu betreten", um zu kontrollieren, dass die Bestimmungen, etwa das Verbot zum Betreiben Stromintensiver Elektroheizungen, eingehalten werden. Freimütig wird im entsprechenden Vollzugsparagrafen eingeräumt: „Das Grundrecht der Unverletzlichkeit der Wohnung (Artikel 13 des Grundgesetzes) wird insoweit eingeschränkt." Es ist schon äußerst bemerkenswert, wie locker sich inzwischen Politiker aller Couleur über das Grundgesetz hinwegsetzen, dessen Väter verhindern wollten, dass je wieder totalitäre Strömungen die Oberhand in Deutschland gewinnen.

Und hier tun sich auf unrühmliche Weise besonders die Grünen hervor. Mal ist es die Meinungsfreiheit (Artikel 5), die sie stört, mal steht ihnen die freie Entfaltung der Persönlichkeit (Artikel 2) im Weg, wenn unter dem Deckmantel des Umweltschutzes ganz bestimmtes Verhaltensmuster anerzogen werden sollen. Und diesmal ist es also Artikel 13. Zwar sieht der Entwurf vor, dass sich die Vollzugsbeamten zuvor anmelden müssen, abgewiesen werden können sie jedoch nicht. Die Bremer müssen künftig wohl damit rechnen, dass die Stromsparpolizei in ihre Wohnräume eindringt, um zu kontrollieren, ob nicht vielleicht doch im Bad ein elektrisches Heizöfchen steht, mit dem man es früh morgens ein wenig behaglicher hat.

Und wenn ausnahmsweise die Stromrechnung mal höher ausfällt als sonst, besteht ohnehin dringender Tatverdacht. Dabei ist offen, ob die Reduzierung des CO_2-Ausstoßes überhaupt ein sinnvolles Klimaschutzziel ist. Lohse kann die Aufregung nicht verstehen. Offenbar gehört es zur Strategie, dass Bürger wieder Angst vor dem Kontrollbesuch der Staatsmacht haben müssen. Sind Politikern unsere Grundrechte irgendetwas wert, wenn ihnen die Einschränkung der Unverletzlichkeit der Wohnung derart leicht von der Hand geht? Was kommt als nächstes? Ein Gesetz, das Kritik an Energiesparmaßnahmen unter Strafe stellt? Zu dessen Überwachung dürfen sich die „mit dem Vollzug beauftragten Personen" demnächst vermutlich Zugang zu meinen Online-Passwörtern verschaffen...es dient ja dem Umweltschutz.

Die Ampelquote
Geschlechterkampf am Fußgängerüberweg

Nahezu täglich quälen uns die schlagzeilengierigen Vertreter der Gleichmacherei. Regelmäßig treibt sie die Profilierungssucht, doch viel häufiger ist es pure ideologische Verblendung. Wenn beides zusammentrifft, ist man wahrscheinlich im rot-grünen Milieu gelandet. Dieses findet man unter anderem in Nordrhein-Westfalen zuhauf. Und so wandert der „Klodeckel des Tages" diesmal nach Dortmund, genauer gesagt, an die Bezirksvertretung Innenstadt-West. Dort beschlossen die Mehrheitsfraktionen von SPD und Grünen am Mittwoch, dass künftig an den Fußgängerampeln die Ampelmännchen solange gegen Ampelweibchen auszutauschen sind, bis Gleichstand im Bezirk herrscht.

Die Verwaltung wurde angewiesen, einen Zeitplan zu entwerfen und die Kosten zu errechnen. Grotesk ist nicht nur das sinnfreie Vorhaben selbst, sondern auch der Versuch, es damit zu rechtfertigen, dass man die größere Leuchtfläche als Beitrag zur Verkehrssicherheit preist. Die Ampelfrauen werden nämlich als rocktragende Zöpfchenmädels dargestellt. Für solche Klischees stellen die Gleichberechtigungs-Fetischisten andere gerne mal an den Pranger. Dass es die Ampelfrauen in Köln und Bremen bereits gibt, taugt wohl kaum als Rechtfertigung für den Vorstoß. Das „Pippi-Langstrumpf-Lookalike" ist jedenfalls alles andere als politisch korrekt.

Doch das stört die Dortmunder Rot-Grünen nicht: Über den Antrag wurde nicht einmal im kommunalen Gremium abgestimmt. Angesichts der satten Mehrheit will man sich wohl nicht mit Höflichkeitsadressen aufhalten, und mit dem ganzen demokratischen Schnickschnack erst recht nicht. Der Grüne (und die Grünin) von heute ordnet an, was die anderen zu tun und zu denken haben – aus reiner Nächstenliebe, um unwissenden Andersdenkenden aus ihrer Not zu helfen. Künftig erfreut sich Dortmund-West also absoluter Gleichberechtigung. Zumindest an der Fußgängerampel. Da kann der Hinweis auf den verwaltungstechnischen Aufwand und die Kosten der Umstellung nur als kleinkarierte Erbsenzählerei gelten.

Und wenn man erst einmal so tief in den Miesen steckt wie Dortmund, ist offenbar alles erlaubt. Nirgendwo in Nordrhein-Westfalen sind die Schulden in den vergangenen zehn Jahren rascher gestiegen. 2,5 Mrd. Euro waren es Ende 2013. Da gibt man doch gerne mal einen aus. Und schon gehen die Überlegungen weiter: Schlaumeier haben ermittelt, dass bei den Straßennamen mehr Männer als Frauen Pate standen. Dies darf nicht so bleiben! Ganz Eifrige beschäftigt die Frage, wieso die Zahl der Frauenparkplätze in den Parkhäusern viel kleiner ist als die der restlichen Stellplätze. Und überhaupt sei es ungerecht, dass in Herrentoiletten stets mehrere Pissoirs bereitgehalten werden, während Damentoiletten von deutlich weniger Frauen gleichzeitig genutzt werden können. Noch viel Arbeit für die Bezirksvertretung Innenstadt-West.

Ein Jahr lang dem Gespenst des Zeitgeistes auf der Spur

KiKA klärt auf
Kindererziehung im links-grünen Geist

Schon oft habe ich auf die Linkslastigkeit des Zweiten Deutschen Fernsehens hingewiesen. Es ist immer wieder geradezu unerträglich, politische Satiresendungen im ZDF zu verfolgen oder auch nur die banale Unterhaltung des Morgenmagazins über sich ergehen zu lassen. Und fast immer kommt selbst die Berichterstattung über das Weltgeschehen tendenziös daher. Die Nachrichtensprecher nehmen sich dabei das Recht heraus, die Meldungen zu kommentieren, Mutmaßungen über Motive anzustellen und voreilige Schlüsse zu ziehen. Und keine „heute"-Sendung kommt ohne einen Hinweis auf vermeintlich rechtsgerichtete Aktivitäten aus – achten Sie mal darauf!

Nun sind die weitaus meisten ZDF-Zuschauer aus dem Alter heraus, in dem man Menschen noch formen könnte. Sie bekommen den vorgesetzten linken Einheitsbrei vielleicht schon gar nicht mehr mit. Doch, dass eine ununterbrochene Tendenzberichterstattung Wirkung zeigt, erleben wir Tag für Tag. Weniger Mühe hat man da allerdings mit Kindern, die nur allzu leicht zu beeinflussen sind. Und so haben es die Erziehungsbeauftragten des ZDF nun offenbar auf diese abgesehen, um ihre Linksdoktrin so früh wie möglich in die Köpfe zu bringen. Ein Lehrstück für subtile Propaganda bot sich gleich zu Jahresbeginn auf dem von ARD und ZDF betriebenen Kinder-Kanal KiKA.

Die Kindernachrichtensendung „logo!" zeigte einen animierten Film über den Krieg zwischen Israelis und Palästinensern, der auch in der Mediathek von ZDF tivi abrufbar ist. Dabei ist weniger das zu bemängeln, was gesagt wird, sondern vielmehr die Animation selbst. Jeweils drei israelische und drei palästinensische Figürchen mit stilisiert dargestellten Körpern und Gesichtern treten auf. Im Verlauf des gut einminütigen Beitrags erhalten die Israelis unsympathische Grimassen mit nach unten gezogenen Mundwinkeln, während die Palästinenser zwar wie ihre israelischen Pendants die Augen zusammenkneifen, aber keine weiteren Gesichtsausdrücke verpasst bekommen. Bis zum Ende der Animation behalten die israelischen Figuren ihr unfreundliches Gesicht.

Für Kinder bleibt eine Botschaft hängen, die man leicht hätte vermeiden können. Und so drängt sich der Verdacht auf, dass hier nicht schlampig gearbeitet worden ist, sondern ein bestimmtes Weltbild transportiert werden soll. Links-grün geprägte Redaktionen stellen sich im Zweifel nun einmal eher nicht auf die Seite Israels. Mindestens so kritikwürdig war das, was sich die „logo!"-Redaktion am Tag zuvor leistete. Ein Erklärstück „informierte" über die PEGIDA-Bewegung. Zur Illustration rechtsextremer Positionen wurde dabei die Deutschlandfahne verwendet, um zu mahnen: „Das Zeigen der eigenen Flagge ist nicht gut, liebe Kinder! Das machen nur die Rechtsextremen." Eine altbekannte Position der Links-Grünen, die uns im letzten Jahr den Weltmeisterjubel verbieten wollten.

Und die Animation hielt noch eine weitere Unverschämtheit bereit: Zwar wurde darauf verwiesen, dass neben Rechten und sozial Schwachen auch Menschen demonstrieren, die mit der Bundespolitik völlig unzufrieden sind, doch erfolgte dies ohne jede Differenzierung. Tatsächlich besteht die überwiegende Zahl der Demonstrationsteilnehmer aus ganz normalen Menschen aus der Mitte der Gesellschaft, die sich gegen eine ausufernde politische Korrektheit wenden, sich nicht mehr bevormunden und umerziehen lassen wollen und das links-grüne Einerlei zum Teufel wünschen. Aber diese Wahrheit verschweigen ja auch die Nachrichtensendungen für Erwachsene.

Anmaßender Amtsträger
Die Geiselnahme des Demonstrationsrechts

Sie haben sicher erwartet, dass ich mich heute zum islamistischen Terror zu Wort melden würde. Doch dazu ist in den vergangenen Tagen fast alles gesagt worden. Ich warne schon lange vor der Verharmlosung einer Religion, die von Radikalen allzu leicht missbraucht werden kann, weil sie sich in ihrem Lebenszyklus eben erst dort befindet, wo auch das Christentum etwa 1300 Jahre nach seiner Begründung stand. Nein, heute soll es nicht um den Islam und den Islamismus gehen, sondern um einen politischen Amtsträger, den ein Gericht an seine Pflicht zur Neutralität erinnern musste. Der Richterspruch ist ein wichtiges Signal in einer Zeit, in der sich Volksvertreter aller Ebenen immer häufiger das Recht herausnehmen, die grundgesetzlich garantierten Rechte zu torpedieren.

Es reicht der Politik offenbar nicht mehr, die Bürger dieses Landes immer weiter zu entmündigen, sie gefällt sich zunehmend darin, Teile der Bevölkerung in Misskredit zu bringen oder gar zu Aktionen gegen Andersdenkende aufzurufen. In die unrühmliche Schar der „Wutpolitiker" reihte sich unlängst auch Düsseldorfs Oberbürgermeister Thomas Geisel ein. Der SPD-Mann hatte auf der Internetseite der Stadt für eine Gegendemonstration gegen die Düsseldorfer PEGIDA-Bewegung geworben, die am kommenden Montag einen Schweigemarsch durch die Stadt plant.

Darüber hinaus forderte er alle lokalen Unternehmer auf, seinem Beispiel zu folgen und während der Demonstration die Lichter in ihren Firmenbüros auszuschalten, wie dies auch im Düsseldorfer Rathaus geschehen werde. Das Verwaltungsgericht pfiff Geisel am Freitag zurück: Der Aufruf musste umgehend von der städtischen Internetseite gelöscht werden. Geisel könne sich als Privatmann und Politiker äußern, es sei aber rechtswidrig, die Ressourcen der Stadt für seine persönlichen Anliegen zu missbrauchen. Als Amtsträger habe er sich an das Neutralitätsgebot zu halten. Natürlich wird sich der derart Gescholtene nicht so einfach mit der Ohrfeige des Gerichts zufrieden geben.

So sehr man die Gesinnung der Urheber der PEGIDA-Bewegung ablehnen mag, so richtig ist die Entscheidung des Gerichts. Es steht keinem Volksvertreter zu, darüber zu befinden, wer demonstrieren darf und wer nicht. Und was die Teilnehmer an den PEGIDA-Demonstrationen angeht, scheint eines klar: Der weit überwiegende Teil ist weder ausländerfeindlich, noch islamophob oder radikal eingestellt. Die vielen zehntausend Bürger, die bei den PEGIDA-Märschen mitlaufen, tun dies vor allem, weil sie verzweifelt nach einer Möglichkeit suchen, ihren Unmut über den Missbrauch der Demokratie durch Politik und Parteien zum Ausdruck zu bringen. Dass selbst den höchsten Repräsentanten des Landes nicht mehr einfällt, als diese Menschen zu verunglimpfen, sagt alles über den Zustand unserer Gesellschaft.

Wer bei Fragen der Integrationspolitik ausschert, wer sich dem Mainstream widersetzt, wer seine Stimme gegen die vier sozialdemokratischen Parteien im Bundestag erhebt, gilt schnell als rechtsradikal oder rassistisch. Im besten Falle darf er sich mit dem Titel „Wutbürger" schmücken, in dem allerdings nur zum Ausdruck kommt, dass er nicht wirklich ernst zu nehmen sei. In Düsseldorf hat die Meinungsfreiheit gesiegt, doch der intolerante Mainstream fordert täglich neue Opfer. Wie lange können uns die Gerichte noch vor den Übergriffen linker Politik schützen?

Politisch korrekte Sauerei
„Schweinchen Babe" muss gehen

Der Umgang mit dem Islam bestimmt unsere Zeit. Seit dem Massaker von Paris rennt die Politik wie ein kopfloses Huhn umher und überbietet sich in Solidaritätsbekundungen für Muslime. Nur wenige Tage wollten Europas Trauermarsch-Schwindler *Charlie Hebdo* sein, seither aber vor allem Mohammed. Ganz eifrige Verfechter des medialen PC-Theaters glauben sogar, nun müsse man die westliche Welt von allem befreien, woran der Islam möglicherweise Anstoß nehmen könnte. Politisch überkorrekt wird nicht nur darüber fabuliert, Karikaturen zu verbieten, die religiöse Gefühle verletzen könnten, sondern vor allem darüber, den Islam noch stärker als ohnehin schon zu hofieren: Noch mehr Entgegenkommen in Schule und Beruf, größere politische Unterstützung und mehr Nachsicht gegenüber seiner Empfindlichkeit.

Dabei wäre all dies nach den Sonntagsreden der Politik doch gar nicht nötig. Wenn der Islam sich so problemlos in die jüdisch-christliche Kultur einfügt, warum dann das ganze Aufhebens? Warum überhaupt einer Religion solches Gewicht geben und sie zum Thema sämtlicher Politikfelder machen? Tun wir das für Buddhisten, Christen, Juden oder Hindus? Der Islam gehört nicht zu Deutschland, wie auch das Christentum nicht zum Orient gehört. So wie Indios nicht zu Russland gehören und Aborigines nicht zu Norwegen.

Das ist auch gar nicht schlimm, solange sich die Gäste und Zuwanderer in die neue Heimat integrieren und bereit sind, die dortigen Gepflogenheiten nicht nur zu tolerieren, sondern anzunehmen. Oder sie bleiben zuhause, weil sie nur dort ihre religiösen und sonstigen Rituale so pflegen können, wie sie es möchten. Hier liegt nämlich der Schlüssel in der Debatte: Was im gesellschaftlichen Zusammenleben im Kleinen völlig normal ist, dass etwa das Yuppie-Paar nicht ins alternative Punk-Viertel einer Stadt passt, soll im Großen übers Knie gebrochen werden. Da wird auf Biegen und Brechen dafür gesorgt, dass fremde Neuankömmlinge am Zuzugsort genauso weiterleben können wie in ihrer alten Heimat. Das ist nicht nur unrealistisch, sondern vor allem dumm.

So haben die Multi-Kulti-Träumer genau jene Konflikte geschaffen, die sie heute zu lösen versuchen. Und die Anschläge von Paris machen wieder einmal deutlich, wie naiv die Annahme ist, der Herrschaftsanspruch des Islam erlaube eine friedliche Koexistenz mit den übrigen religiösen und nicht-religiösen Gruppen westlicher Gesellschaften. Wer glaubt, dem gesellschaftlichen Frieden zu dienen, indem er die Säuberung der Sprache und die Eliminierung nicht-muslimischer Symbole fordert, spielt lediglich Radikalen in die Hände. Dies gilt auch für die Oxford University Press, einen britischen Verlag, der im Wochenverlauf verkündete, alles aus seinen Kinderbüchern zu entfernen, was mit Schweinen zu tun hat, um vor allem die Gefühle von Muslimen nicht zu verletzen.

Keine Würstchen mehr, keine Bilder von süßen Ferkeln auf Bauernhöfen, und auch kein britisches „Sauwetter" mehr? Soweit wird es zum Glück nicht kommen. Es ist gut, dass Großbritannien noch vernünftig tickt. Hierzulande wäre die Welle der Begeisterung kaum zu stoppen gewesen. Bei den Nachbarn von der Insel war das Unterfangen aber schnell vom Tisch: Jüdische und muslimische Verbände verurteilten den Vorstoß als „absoluten Quatsch". Schon einmal hatte vor mehr als zehn Jahren eine englische Grundschule für Aufsehen gesorgt: Unter dem Eindruck des „11. September" verbannte sie alle Kinderbücher mit Schweinchen-Texten. Wie wenig dies die Religionskrieger besänftigt hat, wissen wir nicht erst seit Paris.

Heuschrecken im Rathaus
Warum überall das Geld fehlt

Die Euro-Krise ist zurück auf den Titelseiten. Nicht, dass sie jemals vorbei gewesen wäre, doch spielte sie medial keine Rolle mehr, seit die europäische Politik rechtzeitig zur Europawahl die Ukraine-Krise befeuert hatte. Doch nun steht der Euro wieder im Fokus. Am vergangenen Donnerstag vollzog die Europäische Zentralbank einen lange angekündigten Schritt: Sie wird ab März Monat für Monat für 60 Milliarden Euro Anleihen kaufen – überwiegend Staatsanleihen und mindestens für die nächsten eineinhalb Jahre. Mehr als 1,1 Billionen Euro beträgt das Volumen der Maßnahme, das sich jedoch in den kommenden Jahren verdoppeln dürfte.

Damit sollen die Staatshaushalte der hoch verschuldeten Länder in Europas Süden finanziert werden, die künftig somit noch weniger Lust auf Spar- oder Reformanstrengungen verspüren werden. Grund für den historischen Schritt der EZB ist eine angeblich drohende Deflation, also die Gefahr dauerhaft sinkender Preise. Dass diese Argumentation nur vorgeschoben ist, haben nicht nur die Deutsche Industrie- und Handelskammer und der Sparkassen- und Giroverband erkannt. Natürlich geht es ausschließlich darum, Milliardensummen aus den halbwegs vernünftig wirtschaftenden Euro-Staaten, zu denen vor allem Deutschland gehört, in den chronisch defizitären europäischen Mittelmeerraum umzulenken.

Der Schleusenöffnung vorausgegangen war die Entscheidung der Schweizer Nationalbank, sich vom maroden Euro abzuwenden. Es darf angenommen werden, dass die Schweizer eine Vorstellung davon hatten, was wenige Tage später im EZB-Turm in Frankfurt beschlossen werden würde. Schließlich war seit geraumer Zeit nur noch über die Größenordnung der Kapitulationserklärung der EZB spekuliert worden. Mit der Entkopplung des Franken vom Euro nahmen die Schweizer eine sprunghafte Aufwertung ihrer eigenen Währung in Kauf, die zwar kurzfristig schmerzhaft ist, sie aus dem Euro-Abwärtssog jedoch heraushalten dürfte. Der damit einhergehende freie Fall der europäischen Kunstwährung hat ein Erdbeben ausgelöst, das noch lange nachhallen wird.

Bei einer Reihe von Kämmerern, den „Finanzministern" in den Rathäusern der Städte und Gemeinden, dürfte der überraschende Schritt der Schweizer Herzrasen ausgelöst haben. Landauf, landab hatten diese auf dem Höhepunkt der Finanzkrise nach Wegen gesucht, den in die Höhe geschnellten Euro-Kreditzinsen zu entrinnen und waren dem Reiz verfallen, sich in Währungen mit geringerem Zinssatz zu verschulden. Dass sie damit ein Währungsrisiko einkauften, interessierte sie offenbar nicht. Es ist ja nicht das eigene Geld. Stellvertretend für die Zocker in den Rathäusern steht Dr. Manfred Busch, grüner Kämmerer der Stadt Bochum, mitverantwortlich dafür, dass immer weniger Geld für dringend benötigte Investitionen in Schulgebäude und Straßensanierungen vorhanden ist.

Auf mehr als 220 Mio. Franken beläuft sich der Fremdwährungskredit der Bochumer. Zum Zeitpunkt der Aufnahme vor fünf Jahren entsprach dies 150 Mio. Euro – nun sind es rund 70 Mio. Euro mehr. Der seit zehn Jahren amtierende Busch hat Spaß an spekulativen Deals. Dazu gehörten Cross-Border-Geschäfte und Swaps ebenso wie Aktienkäufe, bei denen er auf satte Kursgewinne wettete. Spektakulär ist dabei der 70-Mio.-Euro-Verlust, den der Kursverfall der RWE-Aktie Bochums Steuerzahlern beschert hat. Doch nicht nur im Finanzgebaren versickern Milliarden, sondern auch in vielen kommunalen Zweckgesellschaften. Fast immer geht es dabei um persönliche Eitelkeiten und Größenwahn, niemals jedoch um das Wohl der Bürger. Und die Schuldigen sitzen direkt vor unserer Haustür, sie sind oft gar unsere Nachbarn.

Brandherd Euro
Griechenlands Radikalisierung ist erst der Anfang

Für manchen schien die schwelende Euro-Krise bereits erledigt. Doch sie war natürlich nie gelöst, sondern strebt unaufhaltsam ihrer Explosion entgegen. Eigentlich drohte diese schon durch den gewaltigen Refinanzierungsbedarf Italiens, doch konnte sich die Regierung des Landes auf ihren Abgesandten im EZB-Tower verlassen, der im Januar die Notbremse zog. Der insgesamt auf mehr als 1,1 Billionen Euro veranschlagte Ankauf von Anleihen durch die EZB wird dafür sorgen, dass Italien und einige andere Euro-Staaten sich für die nächsten eineinhalb Jahre keine Gedanken machen müssen, woher das Geld kommen soll, um ihre unvorstellbaren Staatsschulden zu finanzieren.

Nun aber ist etwas passiert, was selbst die EZB und ihre umtriebigen Auftraggeber aus der EU-Zentrale nicht verhindern konnten: Die Griechen haben sich eine Regierung gewählt, der die bisher getroffenen Vereinbarungen und unterzeichneten Verträge gleich sind. Das war zwar abzusehen, doch darf man getrost behaupten, dass nun eine Zeitenwende angebrochen ist. In Griechenland hat 70 Jahre nach dem II. Weltkrieg in Europa erstmals wieder eine demokratisch legitimierte faschistische Regierung die Macht erobert. Angeführt wird sie von Alexis Tsipras. Der Vorsitzende der linksradikalen „Syriza" hat sich die Kollegen aus dem rechtsextremen Parteienspektrum dazu geholt, um regieren zu können.

Europa steuert auf ungewisse Zeiten zu, denn die „national-sozialistische NS-Regierung", wie Roland Tichy, der frühere Chefredakteur der Wirtschaftswoche, sie nennt, birgt einen enormen Sprengsatz. Anders als in der Euro-Krise gerne behauptet, besitzt das kleine, wirtschaftlich eher unbedeutende Land nun tatsächlich die Möglichkeit, den Kontinent mit einer unberechenbaren Regierung aus Radikalen ins Verderben zu stürzen. Dass dies möglich wurde, haben in erster Linie die unverbesserlichen Euro-„Retter" aus Brüssel und ihre Gehilfen aus Paris und Berlin zu verantworten. Mit Ansage liefen sie in eine Sackgasse, vor der kluge Köpfe schon zur Euro-Einführung gewarnt hatten: Der Euro stiftet keinen Frieden, sondern bringt Europas Völker gegeneinander auf.

Erneut meldeten sich die Mahner vor fünf Jahren zu Wort, als die ersten Beschlüsse zur milliardenschweren Stützung des Euro-unwürdigen Landes im Südosten Europas vorbereitet wurden. Genutzt hat es nichts. Bis heute sind sage und schreibe rund 200 Mrd. Euro nach Griechenland geflossen, die jedoch weitgehend im Bankensektor versickert sind. Da braucht sich niemand zu wundern, dass die Griechen ihren europäischen Nachbarn nichts zurückzahlen wollen. Schuld an ihrer Misere sind sie allerdings selbst, weil sie es nie verstanden haben, einen funktionierenden Staat aufzubauen. Doch mit ihrer Entscheidung zur weitgehenden Staatsfinanzierung hat die EZB das lodernde Feuer angefacht. Schon melden sich Hunderttausende auf Spaniens Straßen zu Wort.

Nicht ganz zu Unrecht bezeichnet der ehemalige Chefvolkswirt der Bundesbank Wolfgang Stark die Ankäufe der Staatsanleihen als „Atombombe". Griechenland wird dies nicht retten, aber das Überleben Italiens und anderer Südstaaten für eine gewisse Zeit sichern. All das passiert auf Kosten der Menschen, die für ihr Alter vorsorgen. Sie werden womöglich die nächsten „Montagsdemonstranten" hierzulande sein, und die Politik täte gut daran, nicht auch sie zu verunglimpfen. Am Ende dürfte der ehemalige EZB-Chefvolkswirt Ottmar Issing richtig liegen: „In der Geschichte hat noch keine Währungsunion souveräner Staaten überlebt."

Gelinkte Leipziger
Jung ruft einseitigen „Polizeinotstand" aus

Eigentlich wollte ich über Ulrich Janssen, Bürgermeister der Stadt Geldern, berichten. Dieser hatte seine Untertanen über Facebook dazu aufgerufen, über die Entwürfe von sieben verschiedenen Investoren für ein großes Bauprojekt in der nordrhein-westfälischen Stadt an der holländischen Grenze abzustimmen. Mehr als 200 mal wurde über Janssens Facebook-Konto dabei für einen bestimmten Investor abgestimmt, und dies in mehreren Serien mit zahlreichen Klicks im Abstand weniger Sekunden. Natürlich flog das Ganze auf. Der zwar in den sozialen Netzwerken sehr aktive, aber offenbar nicht ganz fitte 53-Jährige hatte dafür eine Erklärung, die so hanebüchen war, dass sich die Netzgemeinde vor Lachen schüttelte und viele sich einmal mehr darin bestätigt sahen, dass man Politikern nicht trauen könne. Der Rathaus-Chef hat viel zu erklären, aber man sieht sich ja regelmäßig.

Der eigentlich Aufreger spielt dieser Tage jedoch nicht in Nordrhein-Westfalen, sondern in Sachsen. Dort hat Leipzigs SPD-Oberbürgermeister Burkhard Jung die für Montag geplante LEGIDA-Demonstration kurzerhand verboten – offiziell, weil man nicht genug Polizisten habe, um den Streckenverlauf abzusichern, was das sächsische Innenministerium allerdings bereits dementiert hat.

Erst kürzlich war in Dresden eine PEGIDA-Demonstration wegen vermeintlicher Terrorgefahr untersagt worden.

Das neuerliche Verbot hat nicht nur deshalb einen unschönen Beigeschmack, sondern auch, weil Jung auf der anderen Seite fünf linke Gegendemonstrationen erlaubt hat. Dies lässt nur den Schluss zu, dass offenkundig von den unentwegt verunglimpften LEGIDA-Teilnehmern keine Gefahr für Leib und Leben der Linken ausgeht, während sich Leipzig umgekehrt außerstande sieht, die Protest-Spaziergänger vor dem linken Mob zu schützen. Natürlich geht es aber hier nicht um Fragen der Sicherheit. In Leipzig benutzt offenbar ein Oberbürgermeister sein Amt, um das eigene Weltbild durchzusetzen. Er verstößt damit eindeutig gegen seine Neutralitätspflicht. Wenn heute die Politik entscheidet, wer demonstrieren darf und wer nicht, sind wir schnell wieder dort, wo wir in unserer jüngeren Geschichte schon einmal waren.

Es ist verstörend, dass die Gesinnungspolizisten dieses Landes inzwischen eine Macht erlangt haben, die es ihnen ermöglicht, Teile des Grundgesetzes außer Kraft zu setzen. So sehr haben wir unsere Angst vor dem Wiedererstarken rechter Strömungen kultiviert, dass wir nicht nur den linken Radikalismus als selbstverständlichen Teil unserer Nachkriegskultur akzeptieren, sondern jeder Regung einen Riegel vorschieben, die unter dem Verdacht steht, vom Mainstream der links-grünen Weltanschauung abzuweichen. Das scheinheilige Demonstrationsverbot in Leipzig fügt der Demokratie schweren Schaden zu. Zum einen, weil inzwischen klar ist, dass die Begründung einer Prüfung nicht standhält.

Zum anderen – und das wiegt schwerer – weil die vielen Millionen Menschen der bürgerlichen Mitte spüren, dass sie von weiten Teilen der Politik gegängelt, gebrandmarkt und ausgegrenzt werden. Man kann und muss sich kritisch mit den Organisatoren der LEGIDA-Bewegung auseinandersetzen. Doch während die Antifa hierzulande Narrenfreiheit genießt, nährt Leipzigs Oberbürgermeister die Wut derer, die gegen staatliche Bevormundung, mediale Unaufrichtigkeit und politische Doppelmoral auf die Straße gehen. Ein trauriger Akt politischer Willkür, der die Hilflosigkeit der politischen Klasse offenbart.

Der „Fall Güçlü"
Bürgerrechte als Opfer grüner Parteitaktik

Dieses Wochenende verbringe ich in Hamburg. Dort bin ich auf eine Story gestoßen, die bundesweite Aufmerksamkeit verdient. Sie spielt bei Hamburgs Grünen und handelt von Parteipolitik, oder anders ausgedrückt: Von Unaufrichtigkeit, Täuschung und Stillosigkeit. Zwar gehören schlechte Manieren zum Gebaren aller Parteien, doch dürfte es kein Zufall sein, dass sich bei den Grünen ein mangelhaftes Demokratieverständnis hinzugesellt. Es ist Teil des politischen Rituals, Medien zu instrumentalisieren, die Öffentlichkeit hinters Licht zu führen und eigenen Partei-Freunden" zu schaden, wo immer es geht. Glücklicherweise ist es aber immer noch die Ausnahme, dass man Parteimitglieder ohne Satzungsgrundlage auszuschließen versucht.

Dabei gab der Auslöser der Schlammschlacht allen Anlass zu Kritik: Nebahat Güçlü, grüne Kandidatin für die am Sonntag stattfindende Hamburger Bürgerschaftswahl, war im Januar als Rednerin bei der ultranationalistischen „Föderation der Türkisch-Demokratischen Idealistenvereine in Deutschland" aufgetreten, zu denen die „Grauen Wölfe" gehören. Diesen attestiert der Verfassungsschutz unter anderem einen „übersteigerten türkischen Nationalismus". Der Landesvorstand der Grünen war sich schnell einig: Güçlü muss weg – doch nicht so sehr wegen ihres Fehltritts, sondern aus purer Wahlkampftaktik.

Das jedenfalls belegt das Protokoll der Vorstandssitzung, aus dem aber noch mehr herauszulesen ist. Offenbar hat der Vorstand ein Parteiausschlussverfahren ohne rechtliche Grundlage eingeleitet, um Medien und Öffentlichkeit zu beeinflussen. Statt eines rechtsstaatlichen Verfahrens mit einer Anhörung der Betroffenen gab es eine Eilentscheidung, über deren Fragwürdigkeit man sich wohl bewusst war. Im Protokoll heißt es dazu: „Das jetzt vereinbarte Verfahren muss bis zur Wahl durchzuhalten sein. Sollte sich herausstellen, das keine Grundlage für Parteiausschluss besteht, dann wird dies das Schiedsgericht nach der Wahl feststellen". Mit anderen Worten: Die Rechte des Einzelnen haben hinter die Parteiinteressen zurückzutreten – eine in Parteien verbreitete Ansicht, die mit einem Demokratieverständnis nichts zu tun hat.

Doch der Fall hätte wohl keinen Staub mehr aufgewirbelt, gäbe es da nicht das Landesschiedsgericht der Hamburger Grünen. Das erteilte der Parteiführung am Mittwoch eine Nachhilfestunde in Demokratie und Rechtsstaatlichkeit. Der Vorsitzende des Schiedsgerichts, Ernst Medecke, erhebt schwere Vorwürfe gegen seinen Parteivorstand. Dieser hatte Güçlü massiv bedrängt, auf ihre Kandidatur zu verzichten, um einem Parteiausschluss zu entgehen. Für Medecke gerieten die öffentlichen Äußerungen der Führungsverantwortlichen „in die Nähe des Straftatbestandes der Nötigung einer aufgestellten Listenkandidatin". Keine Bagatelle also, weder nach Maßstäben des Parteiengesetzes, noch nach dem Strafrecht.

Doch für die Grünen spielt das keine Rolle. Auch nach Bekanntwerden der Ohrfeige des obersten Parteirichters sah sich der Vorstand zu keiner Kursänderung veranlasst. Die Grünen haben Glück: Der PR-GAU kommt zu spät, um ihnen hinsichtlich der Bürgerschaftswahl noch schaden zu können. Ohnehin ist fraglich, ob ihre Anhänger sich vom fehlenden Sinn für Meinungsfreiheit und Bürgerrechte abschrecken lassen – dann hätten sie bisher nicht grün gewählt. Für die Grünen ist der Vorfall aber noch lange nicht ausgestanden: Sie werden Opfer ihrer eigenen perfiden Masche. Güçlü sollte nämlich vor allem aus Angst davor geopfert werden, dass die gerne geschwungene Nazi-Keule die Partei diesmal selbst trifft.

"Dumme Gauner"
Der SPD-Angriff auf den Mittelstand

Heute knöpfe ich mir zuerst Ulrich Schneider, Hauptgeschäftsführer des Paritätischen Wohlfahrtsverbands, vor. Dieser erklärte Mitte der Woche 12,5 Mio. Deutsche für arm und ließ uns wissen, die Veränderung der Zahl angeblich Betroffener von 15,0 auf 15,5% markiere einen „sprunghaften Armutsanstieg in Deutschland". Er bezog sich dabei auf den „Armutsbericht" der Bundesregierung und verfälschte dessen Aussage in einer Weise, die nahelegt, hier könnte es ausschließlich um die Untermauerung der eigenen Daseinsberechtigung gehen. Zum Skandal taugte die Falschmeldung aber nur, weil die überwiegende Zahl der deutschen Journalisten sie ungeprüft übernahm und sich dabei zum Komplizen einer Organisation machte, die seit vielen Jahren mit dem Kampfbegriff der „Sozialen Gerechtigkeit" Unfrieden in unsere Gesellschaft trägt. Die „WELT" war eines der wenigen Leitmedien, das der Sozialstaats-Lobby nicht auf den Leim ging. Sie stellte zutreffend fest: „Wer Ulrich Schneider zuhört, glaubt sich in einem anderen, fremden Land".

Es soll aber diesmal um eine andere Gesellschaftsspalterin gehen, die seit der Übernahme ihrer politischen Funktion vor allem durch Dreistigkeiten und Unverschämtheiten aufgefallen ist: Yasmin Fahimi, Generalsekretärin der SPD, lebt in ihrem Amt offenbar ihren ganzen Hass auf die Soziale Marktwirtschaft aus.

Vor wenigen Monaten beschimpfte sie die Wirtschaftsweisen, denen sie vorhielt, von Wirtschaftspolitik keine Ahnung zu haben. Unablässig belehrt sie uns, wir müssten das Unternehmertum nur lange genug bekämpfen und alles würde gut. Jetzt ist ihr nach der deutschlandweiten Kritik am wohlstandsfeindlichen Mindestlohngesetz der Kragen geplatzt. Einmal mehr erging sie sich in wüsten Beleidigungen, was offenbar zu ihrem Selbstverständnis von Sozialkompetenz gehört. Per Facebook bezichtigte Fahimi all jene der Dummheit oder des Gaunertums, die sich über den immensen bürokratischen Aufwand für den Nachweis des Mindestlohns beklagen. Sie pries das sozialistische Machwerk als „historische Leistung" und bürstete die Kritik als „absurd" ab. Warum auch diskutieren, wenn man sich sowieso für den besseren Menschen hält?

Doch das Internet ist gnadenlos mit jenen, die ihre eigene Agenda zur absoluten Wahrheit erheben. Der Shitstorm in den sozialen Netzwerken dürfte selbst die kampferprobte Sozialistin nicht kalt gelassen haben. Während bis zum Sonntagmittag auf Facebook gerade einmal 600 Menschen ihre Zustimmung zu Fahimis Hasstirade auf den deutschen Mittelstand signalisiert hatten, fanden sich zur gleichen Zeit weit über 3.000 Unterstützer für den Kommentar eines erschütterten Nutzers, der Fahimi angesichts ihres beruflichen Werdegangs bescheinigte, „in ihrem bisherigen Leben noch nie einer wertschöpfenden Tätigkeit nachgegangen" zu sein und mithin keine Ahnung vom unternehmerischen Alltag zu haben.

Der erboste Mitbürger sprach damit nicht nur Tausenden aus der Seele, sondern benannte auch das Grundübel unserer politischen Klasse: Die Parlamente sind voll von Studienabbrechern, Parteikaderzöglingen und verhinderten Lehrern, also Menschen, die ihr ganzes Leben im Staatsdienst verbracht oder vom Staat gelebt haben. Diesen fehlt, wie den vielen Juristen unter den Berufspolitikern, häufig der Realitätsbezug. Fahimi steht sinnbildlich für die mangelnde gesellschaftliche Repräsentanz in den Parlamenten – der Hauptgrund für die Erosionserscheinungen unserer Demokratie.

Der verhinderte „Grexit"
Noch ein paar Runden Ouzo aufs Haus

Heute soll es um den griechischen Finanzminister Yanis Varoufakis gehen. Der von den deutschen Medien zur Stilikone verklärte angebliche Frauenschwarm, der mich eher an den berüchtigten Lord Voldemort aus der Harry-Potter-Saga erinnert, hat ein dunkles Kapitel in der Euro-Politik eingeläutet. Schwarze Magie braucht er dazu jedoch nicht, denn längst sind viele seiner europäischen Kontrahenten zu Komplizen geworden. Mit der von Anfang an zum Scheitern verurteilten Euro-„Rettung" hat sich Europas sogenannte politische Elite in eine Lage gebracht, in der sie selbst von den unbedeutendsten Mitläufern des Euro-Clubs erpressbar ist.

Seit dem ersten „Rettungspaket" sind fast 227 Mrd. Euro nach Griechenland geflossen, davon allein 195 Mrd. aus den Euro-Staaten. Deutschland ist mit mehr als 57 Mrd. dabei. Zwar handelt es sich vor allem um Kredite, doch lassen die jüngsten Äußerungen aus Griechenland nichts Gutes ahnen: Nach der Zustimmung des Bundestags zum dritten Hilfspaket teilte Varoufakis mit, man werde eine im Sommer fällige Anleihe über 6,7 Mrd. Euro nicht zurückzahlen. Deutschland wäre mit rund 2 Mrd. Euro beteiligt – rechnen Sie das mal in Straßensanierungen, Kitas und Schwimmbadrenovierungen um. Aber nicht nur mit Blick auf die mangelnde Solvenz seines Landes öffnete Varoufakis einer breiten Öffentlichkeit die Augen.

Der griechische Finanzminister lenkte das Scheinwerferlicht auch auf das Brüsseler Schmierentheater. Nur wenige Tage nach der Einigung auf das dritte Hilfspaket hatte er ausgeplaudert, die mit der Euro-Gruppe als Bedingung vereinbarte Reformliste sei auf Wunsch einer Reihe von EU-Ländern absichtlich vage formuliert worden, da eine Einigung auf konkrete Zahlen an dem Wissen gescheitert wäre, dass Griechenland diese niemals erfüllen werde. „Produktive Unschärfe" nennt dies der griechische Lord Voldemort – man könnte es auch als Betrug am europäischen Steuerzahler bezeichnen, der sich einmal mehr von der Politik hintergangen fühlt. So dürfen wir uns bereits auf das vierte „Rettungspaket" freuen, das spätestens im kommenden Sommer geschnürt werden muss.

Bis dahin wird viel gutes Geld schlechtem hinterhergeworfen worden sein, ohne jede Aussicht, die griechische Euro-Totgeburt jemals wiederbeleben zu können. Immer noch fehlt der Politik der Mut, sich ihr Scheitern einzugestehen. Doch natürlich sind es vor allem geostrategische Überlegungen, die dem Festhalten an der missglückten Gemeinschaftswährung zugrundeliegen. Das Argument der europäischen Einigung zieht nicht mehr. Inzwischen sollte jeder erkannt haben, dass das vielbeschworene „Friedensprojekt Euro" sich gegen seine Begründer gewendet hat. Es hat in kürzester Zeit Armut in weite Teile Südeuropas gebracht, die Gesellschaften des Kontinents tief gespalten und Ressentiments zwischen den Völkern wiederbelebt, die längst überwunden schienen.

Lediglich Frankreichs Regierung darf erleichtert aufatmen, dass die griechische Tragödie derzeit den Blick auf größeres Ungemach verstellt. Denn unser Nachbar steht ebenfalls am Euro-Abgrund – und feiert einen Rechtsbruch nach dem anderen. Noch kann man sich in Paris darauf verlassen, dass die europäischen Finanzminister die Problematik kleinreden, weil sie sich davor fürchten, die mangelnde französische Euro-Tauglichkeit zu offenbaren. Heimlich, still und leise hat die EU-Kommission Frankreich im lauten Getöse um Griechenland daher erlaubt, weiterhin gegen den Stabilitätspakt zu verstoßen, der ursprünglich einmal das „Grundgesetz" des Euros war. Und auch Italien kann im Euro nur überleben, weil es unter Mario Draghis Führung durch die EZB künstlich beatmet wird. Noch laufen die Herz-Lungen-Maschinen im Euro-Hospital. Klinisch tot sind die Patienten aber schon.

Links geht immer
Seien wir gute Linksextremisten!

Es stand lange unausgesprochen im Raum – nun hat es endlich einer gesagt. Und zwar einer, der es wissen muss. Gregor Gysi hat uns die Augen geöffnet. Der Fraktionschef der Linkspartei im Bundestag teilte der Öffentlichkeit am Wochenende mit, dass Linksextremismus nicht so schlimm sei wie Rechtsextremismus. Das wäre also geklärt. Wir müssen uns nicht mehr über die Gehirnwäsche des Staatsrundfunks ärgern, die links-grüne Journalistenmeute nicht mehr der Propaganda bezichtigen und der deutschen Politik keine Doppelmoral mehr unterstellen. Sie alle verhalten sich völlig korrekt. Nun wissen wir es. Gregor Gysi sei Dank.

Was haben wir gewütet, wenn gut gelaunte Nachrichtensprecher heiter von den traditionellen Maikrawallen berichteten oder die Gewaltexzesse im Hamburger Schanzenviertel zur Notwehr umdichteten. Wie sehr ballten wir die Faust in der Tasche, wenn wir bei der täglichen Zeitungslektüre Leitartikel über uns ergehen lassen mussten, in denen die Untaten irrer Islamisten mit relativierender Sanftmütigkeit kommentiert wurden. Wie falsch fühlten wir uns verstanden, wenn eine Politik in Alarmbereitschaft unser Unbehagen über die weit verbreitete Tolerierung linksradikalen Gedankenguts als Rechtspopulismus brandmarkte. Wir können uns wieder beruhigen, die Aufregung war umsonst.

Hätte uns bloß früher jemand an die Hand genommen, uns geholfen zu verstehen – wir wären niemals auf dumme Gedanken gekommen. Wir hätten begriffen, dass es selbstverständlich gar kein Problem ist, wenn Linksextremisten Steine werfen, Autos anzünden und Häuser besetzen. Sie tun uns ja nichts. Na gut, sie verletzen fast bei jeder Demo Polizisten, versuchen auch mal, welche umzubringen, aber uns tun sie ja nichts. Natürlich untergraben sie die Demokratie und besitzen keinerlei Toleranz gegenüber Andersdenkenden. Sie schüchtern ein, akzeptieren die Regeln des Zusammenlebens nicht und sind allzeit gewaltbereit. Aber das betrifft uns ja nicht, solange wir ihnen nur aus dem Weg gehen. Linksradikale sind gute Extremisten. Ihr Tun dient einem höheren Ziel.

Linksextremismus wende sich immer gegen Starke, doziert Gysi. Die muss man eben bekämpfen, wo immer es geht. Und er hat fein beobachtet, dass wir dem Linksterror zu viel Aufmerksamkeit widmen. Dauernde Hetze gegen Linke in den Medien, eine öffentlich-rechtliche Dokumentation über den SED-Unrechtsstaat nach der anderen und das ständige Genörgel der Politik, man müsse viel wachsamer gegenüber dem linken Radikalismus sein. Nein, so kann es nicht weitergehen. Warum schenken wir dagegen dem Rechtsextremismus eigentlich so wenig Beachtung? Kaum einmal hört man etwas dazu in den Nachrichten. Die Politik will sich auch nicht so recht mit den Gräueltaten der Nazis auseinandersetzen. Und das Fernsehen erst.

Es ist Zeit, dass wir uns den vielen Millionen Mitbürgern anschließen, die schon lange auf dem richtigen Weg sind. Denn ein Sechstel der Deutschen hat sich jüngst in einer repräsentativen Studie zu seiner linksradikalen Grundhaltung bekannt. Auf einmal sähen wir die Nachrichten mit ganz anderen Augen. Das „heute-journal" würde uns zu Beifallsstürmen hinreißen. Wir könnten nicht genug kriegen von der üblen Hetze gegen den Mitteschicht-Pöbel, der sich für etwas Besseres hält. Und erst die Vorfreude auf 2017, wenn die Linkspartei endlich den Bundeskanzler stellt. Ja, so soll es sein! Und so muss es sein. Denn wehe dem, der dem linksradikalen Zeitgeist nicht folgt. Die jüngste deutsche Geschichte hat uns zweimal gezeigt, was mit jenen passiert, die sich gegen das System stellen. Eine Frage, Herr Gysi: Warum nochmal war es so viel besser, Menschen einzusperren oder zu erschießen, die nichts weiter wollten, als frei zu sein?

Mehr als ein Kopftuch
Das fatale Karlsruher Missverständnis

Das Bundesverfassungsgericht hat das von ihm selbst im Jahr 2003 für statthaft erklärte generelle Kopftuchverbot für Lehrkräfte aufgehoben. Damals hatte es den Bundesländern erlaubt, „Bekleidung von Lehrern, die als religiös motiviert verstanden werden kann", zu untersagen. Damit war insbesondere das Tragen von Kopftüchern gemeint. Nun hatten zwei Pädagoginnen mit ihrer Verfassungsbeschwerde Erfolg – und gießen damit Öl in die aufgeheizte Islamdiskussion. Der in der Begründung konstruiert wirkende Richterspruch ist ein weiteres Beispiel für falsch verstandene Toleranz. In Klassenzimmern sollte Religion nur als Unterrichtsfach stattfinden. Die religiös motivierte Verkleidung muslimischer Frauen hat dort nichts zu suchen.

Wer den Staatsdienst wählt – noch dazu die Arbeit mit Heranwachsenden – muss nun einmal hinnehmen, dass besonders strikte Regeln gelten. Und zwar nicht nur in Bezug auf die charakterlichen Anforderungen, sondern auch hinsichtlich des Auftretens, das die Bekleidung einschließt. Wer dies nicht akzeptieren möchte, wähle bitte einen anderen Beruf. Es käme niemand auf die Idee, einer Jugendgruppe eine Betreuerin im Bikini zuzumuten oder dem Kindergärtner das Tragen von Rock und Pumps zuzugestehen. Auch auf diese Weise würde eine Weltanschauung oder ein Lebensgefühl zum Ausdruck gebracht.

Sicher würden Betroffene dies vehement einfordern, gäbe es dafür eine Lobby. Doch im Falle von Erzieherinnen und Lehrern erregten diese Accessoires öffentlichen Anstoß und schürten Konflikte. Sie wären gar geeignet, die der Obhut überlassenen jungen Menschen zu verstören. Aus gutem Grund sind sie daher nicht gestattet. Bei religiösen Eiferern glauben wir jedoch, besonders nachsichtig sein zu müssen. Und so ist nun auch die letzte Bastion gefallen – das höchste deutsche Gericht beugt sich dem Zeitgeist. Zwar bezieht sich der Richterspruch nur auf Nordrhein-Westfalen, doch dürfte von ihm eine Signalwirkung ausgehen. Noch verbietet die Hälfte der Bundesländer ihren Lehrerinnen das Tragen von Kopftüchern im Unterricht. Künftig wird diese Praxis nicht mehr durchzuhalten sein – nicht nur aus rechtlichen Gründen, sondern vor allem durch den enormen öffentlichen Druck.

Der Richterspruch ist befremdlich: Statt dafür Sorge zu tragen, dass Schüler in einem neutralen Umfeld unterrichtet werden, dehnt Karlsruhe die weltanschauliche Neutralität des Staates auf einen Bereich aus, der an sich des besonderen Schutzes vor religiöser Einmischung bedürfte. Dem liegt offenbar eine fatale Fehleinschätzung zugrunde. Denn erst der politische Islam hat das Kopftuch zum Symbol erhoben. Millionen muslimische Frauen kommen ohne Kopftuch aus. Wer es trägt, tut dies mit Sendungsbewusstsein. Die von den Richtern verneinte „hinreichend konkrete Gefahr" sollte man bei einem zur Schau gestellten politischen Symbol durchaus annehmen.

Hinzu kommt ein anderer Aspekt: Eine Religion, die in ihrem Entwicklungszyklus heute etwa dort angekommen ist, wo sich beispielsweise das Christentum zur Zeit der Kreuzzüge befand, kann nicht mit denselben Maßstäben gemessen werden wie andere Religionen, deren Wurzeln viele Jahrhunderte weiter zurückreichen. Dies ist der Teil in der Islamdebatte, der in der öffentlichen Auseinandersetzung zu kurz kommt. Es hätte einen Königsweg für die Richter gegeben: Religiöse Botschaften – und seien sie noch so subtil – haben in Klassenzimmern nichts zu suchen!

Die Verharmloser
Linke Willkommenskultur für den Schwarzen Block

Zum Abschluss einer Woche, die Demokraten in höchste Alarmbereitschaft versetzen sollte, steht Ulrich Wilken, Vizepräsident des Hessischen Landtags und langjähriger Vorsitzender der hessischen Linkspartei, im Fokus. Seine radikalen Gesinnungsgenossen legten am Mittwoch Teile Frankfurts in Schutt und Asche. Wilken hatte die Demo zur Einweihung des Neubaus der Europäischen Zentralbank angemeldet, anlässlich derer mehr als 4.000 extrem gewaltbereite Linksfaschisten die Bankenmetropole im Morgengrauen überfallen hatten, um Jagd auf alles zu machen, was sich ihnen in den Weg stellte. Sie spannten Stahlketten über die Straße, um Motorradfahrer zu köpfen, schlugen eine Schneise der Verwüstung durch den Ostteil der Stadt und legten Dutzende Feuer.

Die anschließenden Löscharbeiten nutzten sie dazu, arglose Feuerwehrleute anzugreifen. Sie schreckten außerdem nicht davor zurück, Polizeifahrzeuge in Brand zu stecken, in denen sich noch Polizisten befanden, wohl in der Hoffnung, nicht nur erheblichen Sachschaden anzurichten, sondern sich gleich auch noch einiger Vertreter der verhassten Staatsmacht zu entledigen. Aus ganz Europa waren die Teilnehmer des sogenannten Schwarzen Blocks angereist, um sich unter dem Vorwand der Kapitalismuskritik einer blinden Zerstörungswut hinzugeben, die auch vor dem menschlichen Leben nicht Halt macht.

Der lose Zusammenschluss linker Extremisten hat keine politische Botschaft und verfügt über keinerlei Dialogbereitschaft. Er ist nicht nur deshalb neben dem Islamischen Staat die gefährlichste Bewegung unserer Zeit. Dennoch wird er von der Politik totgeschwiegen. Die trotz loser Organisationsstrukturen europaweit gut vernetzten Linksterroristen erfreuen sich des Rückhalts weiter Teile des links-grünen Lagers. Sie verstecken sich hinter dem Aktionsbündnis „Blockupy", das unter anderem von der Gewerkschaft „ver.di", der Linkspartei, der Grünen Jugend und einigen weiteren, vom Steuerzahler finanzierten Nichtregierungsorganisationen getragen wird. Man wartete nach dem Frankfurter Terrorangriff daher vergeblich auf eine klare Distanzierung der Führung der Linkspartei.

Auch prominente Vertreter der Grünen, wie der Europa-Abgeordnete Sven Giegold, zeigten sich lediglich besorgt darüber, dass die an den Angriff auf das World Trade Center erinnernden Bilder dem „gerechtfertigten Anliegen" schaden könnten. Kaum verwunderlich, ist Giegold doch Mitbegründer von Attac, einer ebenfalls durch radikalen Eifer bekannt gewordenen Gruppierung, die zum „Blockupy"-Bündnis gehört. Mitorganisator Wilken äußerte „großes Verständnis für Wut und Empörung" der anarchistischen Schlägertrupps. Wie Wilken und Giegold machen sich verharmlosende Journalisten zu Mittätern. Der Spiegel trieb es auf die Spitze und erklärte Frankfurts „11. September" zum Machwerk Rechtsradikaler, die den linken Block unterwandert hätten.

Man muss kein Prophet sein, um vorherzusagen, dass die Politik auch nach den Geschehnissen des 18. März weiterhin mit zweierlei Maß messen wird. Wo sie rechten Extremismus auch in Ereignisse hineininterpretiert, bei denen er gar nicht stattfindet, wird der Linksterror folgenlos bleiben. Nur wenige Tage nach der Frankfurter Gewaltorgie sind alle politischen Kräfte längst wieder zur Tagesordnung übergegangen. Nirgendwo wurde als Zeichen der Abgrenzung das Licht ausgeschaltet, eine Warnung der Kanzlerin vor „Blockupy" gab es schon gar nicht. Und man darf bereits heute darauf wetten, dass kein Bürgermeister zu Gegendemonstrationen aufrufen wird, wenn „Blockupy" und der „Schwarze Block" zur nächsten Kundgebung anrücken. Leichtes Spiel für den linken Terror.

Schwarzer Freitag
Die Pietätlosigkeit radikaler FeministInnen

Ein Ereignis beschäftigt seit Dienstag ganz Deutschland. 150 Menschen sind bei einem Flugzeugabsturz gestorben und vieles wirft immer noch Fragen auf. Ich beteilige mich nicht an wüsten Spekulationen und reihe mich auch nicht in die Riege der Pseudo-Psychologen, angeblichen Experten und widerlichen Effekthascher ein. Ich habe mir lange überlegt, ob ich mich überhaupt äußern soll. Wäre nicht die EMMA-Redaktion auf den Plan getreten, hätte ich wohl darauf verzichtet. Doch nach der Wortmeldung aus Alice Schwarzers Haus kann ich nicht mehr still bleiben. Sie steht nicht nur für einen amoklaufenden Feminismus, sondern setzt dem Treiben der vergangenen Tage die unrühmliche Krone auf.

Die Dauerschleifen gieriger Leichenschänder offenbaren, in welcher Verfassung unsere Medienlandschaft ist und wie niedrig die Hemmschwelle einer Zunft inzwischen liegt, die nicht ohne Grund immer weniger Ansehen genießt. Was sich seit Dienstag auf breiter Front in der Berichterstattung abspielt, ist die bedrückendste Zurschaustellung niederer Instinkte, die uns die Medien bisher geboten haben. Dies gilt auch für die sich so gerne ihrer Seriosität rühmenden öffentlich-rechtlichen Sender, die nach dem furchtbaren Unglück alle Regeln des Anstands über Bord warfen – vom eigenen journalistischen Anspruch ganz zu schweigen.

Als dann endlich erste kritische Stimmen aus dem eigenen Lager laut wurden und mancher bereits hoffte, der Ekel vor dem eigenen Abbild könne für den einen oder anderen Journalisten ein heilsamer Schock sein, setzte die Frauenzeitschrift EMMA einen neuen Tiefpunkt. Zwar stammt der von ihr veröffentlichte Artikel von einer feministischen Bloggerin, doch kommt in der begeisterten Übernahme und anschließenden Rechtfertigung durch die EMMA-Redaktion die ganze Widerwärtigkeit einer enthemmten Ideologie zum Ausdruck, die ihren Auftrag offenbar darin sieht, Männer zu diskriminieren, zu verfolgen und zu diskreditieren. Doch damit nicht genug.

Seit Freitag wissen wir, dass dieser aggressive Feminismus nicht einmal mehr davor Halt macht, menschliche Tragödien für die eigene Ideologie auszuschlachten. Eine Frauenquote fürs Cockpit lautet die Forderung, weil das Selbstmordrisiko bei Männern viermal so hoch sei wie bei Frauen. Auch Amokläufe würden ausschließlich von Männern begangen, erfahren wir. Nur die Reduzierung männlicher Flugzeugführer zugunsten von Frauen könne das Problem beheben. Dass Frau sich über die in den Medienberichten verwendete männliche Allgemeinform für die überwiegend weiblichen Opfer der Schulklasse mokiert, ist da schon kaum mehr von Belang. Die Pietätlosigkeit, mit der das Unglück von Europas Feministinnen ideologisch aufgearbeitet wird, ist kaum zu ertragen und hat einen veritablen Shitstorm ausgelöst.

Doch statt zurück zu rudern, sich zu entschuldigen oder die Schmiererei wieder von der Seite zu nehmen, gefällt sich die EMMA-Redaktion darin, eine Rechtfertigungsarie anzustimmen. Als ließe sich hieraus eine Absolution für menschenverachtendes Verhalten ableiten, schallt es uns seit Sonntag von der Webseite entgegen, die Zeitung „Schweiz am Sonntag" würde doch dasselbe fordern. Das Schweizer Blatt hatte argumentiert, die Frauenquote müsse her, weil der Suizid bei Schweizer Männern zwischen 15 und 44 Jahren die häufigste Todesursache sei. Eine dümmlichere Aussage hat man wohl selten gehört. Emma & Co. haben in diesen Tagen viele Unterstützer verloren. Doch um einen Feminismus, der seine Weltanschauung über Empathie und Mitgefühl stellt, dessen Verbitterung nicht einmal Platz für eine pietätvolle Anteilnahme lässt, muss niemand trauern. Es sind die Opfer, denen in diesen Tagen unsere Gedanken gehören sollten. 150 Menschen, die nicht mehr da sind und eine nicht zu füllende Lücke bei all denen hinterlassen, die sie liebten und kannten.

„Heile, heile, Gänsje"?
In Mainz wird nichts mehr gut!

Den wortgewaltigen Keulenschwingern der Antirassismus-Front ist nichts heilig. Sie stürzen sich auf jeden, den sie verdächtigen. Dabei spielt es keine Rolle, ob nach objektiven Maßstäben tatsächlich Rassismus vorliegt – es reicht die bloße Unterstellung der latenten Gefahr. Die Richter im Namen des Guten haben nichts zu befürchten, trägt sie der Jubel des Zeitgeistes doch über die niederen Sphären von Anstand, Moral und Gesetz hinweg. So fest schwingen sie ihre Keulen, dass ihre Opfer sich bitte nie wieder regen mögen. Einer ihrer aktivsten Vertreter ist David Häußer. In Mainz haben er und seine eifrigen Mitstreiter es aktuell auf einen altehrwürdigen Handwerksbetrieb abgesehen, der 1909 gegründet wurde und heute unter dem Namen Ernst Neger Bedachungen GmbH bekannt ist.

Seit den 1950er Jahren ziert ihn ein zum Namen passendes Firmenlogo, das einen Dunkelhäutigen so zeigt, wie man ihn von den naturverbundenen Stämmen in Afrika kennt: Mit Kreolen, Tellerlippen und Bastrock. Man kann das Logo mögen oder nicht, doch darf man eines getrost feststellen: Sein Erfinder, das 1989 verstorbene Mainzer Fastnachts-Urgestein Ernst Neger, ist sicher über jeden Verdacht erhaben, ein Rassist gewesen zu sein. Neger wollte die durch seine Karnevalsauftritte erlangte Bekanntheit für einen einprägsamen Firmenauftritt nutzen.

Er schuf das Logo des „singenden Dachdeckermeisters" in Form eines Dunkelhäutigen, der heiter den Hammer schwingt. Er bildete dabei die Realität der Zeit ab. Wer dort mehr hineininterpretiert als das, was es ist, will offenbar Böses. Bis heute haben sich drei Generationen am Firmenlogo auch nicht gestört. Doch so, wie die Political Correctness dem Negerkuss den Garaus gemacht hat und sich seit Jahren am Zigeunerschnitzel austobt, so, wie sie Kinderbücher zensiert und bereits überlegt, historische Romane umzuschreiben, so möchte sie auch das Logo der Firma Ernst Neger vernichten. Da ist es unerheblich, ob sich je ein vermeintlich Betroffener gerührt und seiner gefühlten Diskriminierung Ausdruck verliehen hat. Die Sprach- und Denkpolizei weiß, was gut für uns ist.

Glücklicherweise zeigt sich Negers Enkel Thomas standhaft. Der aktuelle Firmeninhaber denkt nicht im Traum daran, sich den Moralaposteln zu beugen. Warum auch? Der Auftritt seiner Gegner gibt ihm Recht. Die Beleidigungen und Drohungen, mit der die selbsterklärten Guten ihre Ideologie durchzusetzen versuchen, spricht für sich – und vor allem gegen sie. Da definiert sich Gut und Böse neu. Das Grundübel der Diskriminierungs-Alarmisten ist ihre Weltfremdheit. Totale Gleichheit ist ihre Utopie, was ehrenwert wäre, ginge es um gleiche Rechte und Pflichten, vor allem aber um gleiche Chancen. Doch das ist nicht das Anliegen der Gutmenschen. Sie träumen von der egalitären Gesellschaft, die erst durch gleichförmiges Denken und Handeln alle Unterschiede überwindet.

Die Geschichte hat uns gelehrt, wie die Versuche enden, derartige Gesellschaftssysteme zu errichten. Doch zurück zur aktuellen Hetzkampagne gegen Neger, die noch einen anderen Beigeschmack hat: Ihr Urheber aus dem linksgrünen Milieu lieferte den Grünen im Mainzer Landtag eine willkommene Steilvorlage, die diese dankbar aufgriffen. In Rheinland-Pfalz wird in einem Jahr ein neuer Landtag gewählt und Thomas Neger sitzt für die CDU im Mainzer Stadtparlament. Der stellvertretende Pressesprecher der Grünen-Landtagsfraktion schwärzte ihn eilig bei Facebook an, das Negers dortiges Firmenlogo umgehend löschte. Merke: Denunziation ist die Waffe derer, denen die Argumente fehlen. Die Grünen verlassen sich darauf, dass man ihnen dies immer wieder nachsieht. Wenn sie sich da mal nicht täuschen.

Feindbild Bürgertum
Die Medienhetze linker Propaganda

Die Frankfurter Rundschau ist nach wie vor eines unserer Leitmedien. Man sollte daher erwarten dürfen, dass möglichst objektiv berichtet wird, wenn sich die Redaktion auch einer gewissen ideologischen Richtung verschrieben hat. Denn es gehört zu den journalistischen Grundregeln, dass Kommentare der richtige Platz sind, um die eigene Weltsicht zum Ausdruck zu bringen. Natürlich findet diese auch in den Formulierungen der Berichterstattung ihren Niederschlag, doch wird es problematisch, wenn im Nachrichtenteil offenkundig eine andere Wahrheit vermittelt wird als die, die ein objektiver Beobachter wahrnehmen würde. Und justiziabel könnte es werden, wenn die Headline zu einem Artikel den Verdacht erweckt, hier sollen Leser aufgehetzt werden.

Die Justiz kennt den Tatbestand der Volksverhetzung. Darunter fällt unter anderem die böswillige Verächtlichmachung oder Verleumdung Einzelner oder von Teilen der Bevölkerung in einer Weise, die geeignet ist, den öffentlichen Frieden zu stören. Die Berichterstattung über eine PEGIDA-Demonstration am Ostermontag ist nicht nur deshalb äußerst grenzwertig. Bei dem gewaltlosen Marsch durch Dresden sollen nach Auskunft des Superintendenten der Kreuzkirche ein Paar mittleren Alters und eine Frau im Rentenalter diesen wegen des als störend empfundenen Kirchengeläuts verbal attackiert haben.

Die Petitesse, bei der man sich fragt, wie einschüchternd wohl eine Rentnerin in Begleitung von zwei mit Transparenten bewaffneten Mittvierzigern auf einen Pfarrer wirken dürfte, wäre normalerweise keine Zeile wert. Am nachbarschaftlichen Gartenzaun spielen sich täglich wüstere Szenen ab. Der Frankfurter Rundschau genügte dieser kolportierte Zwischenfall jedoch für einen großen Aufmacher, bei dem 7.000 PEGIDA-Anhänger allesamt zu Komplizen erklärt wurden. Ihrer Titelzeile „PEGIDA bedroht Christen in Dresden" ließ die FR im Anreißer zum Titelbild einen martialischen Donnerhall folgen: „Anhänger des PEGIDA-Bündnisses drohen Christen die Kehle durchzuschneiden". Wohl nicht ganz ungewollt wird hier die Assoziation zum IS-Terror geweckt, bei dem nicht lange gefackelt wird, sondern tatsächlich bereits Tausende Kehlen durchgeschnitten worden sind.

Nun hat jeder von uns sicher schon erlebt, wie leicht in der Erregung eine Drohung über die Lippen kommt, die niemals in die Tat umgesetzt würde. Dennoch ist es korrekt, dass die Behörden ermitteln, weil es eine Straftat darstellt, Menschen durch Drohungen einzuschüchtern. Ebenso klar ist aber auch, dass die Rundschau die Realität verzerrt. Die Unanständigkeit linker Ideologen könnte so zum Straftatbestand werden. Im verzweifelten Kampf gegen sinkende Auflagen agieren Medienschaffende zunehmend hemmungslos. Nichts ist ihnen mehr heilig, Schnelligkeit geht vor Gründlichkeit und die Recherche wird der Vermittlung des eigenen Weltbildes geopfert.

Besonders auffällig ist dies immer dann, wenn über Vorfälle mit vermeintlichen oder tatsächlichen Extremisten berichtet wird. Da ist die Horde europaweit organisierter linker Straftäter ein unschöner Exzess Einzelner, selbst wenn 150 teilweise schwerverletzte Polizisten und Feuerwehrleute sowie in Schutt und Asche gelegte Frankfurter Stadtviertel eine völlig andere Realität zeichnen. Umgekehrt reicht die verbale Flegelei dreier Pöbler zu einem Aufmacher, der suggeriert, IS und PEGIDA könnten sich zusammengeschlossen und gegen das christlich-jüdische Abendland verschworen haben. Es ist auch und vor allem diese offenkundig tendenziöse Medienberichterstattung, die so viele Menschen in Dresden und anderswo auf die Straßen treibt. Ob Journalisten und politisch Verantwortliche sich wirklich einen Gefallen tun, wenn sie als Reaktion auf die berechtigte Kritik Teile des Bürgertums zum Feindbild erklären?

Codename „Lobby Control"
Der lange Arm der Wahlkämpfer

Bevorstehende Wahlen sind ein gefundenes Fressen für alle, die Schmutzkampagnen lieben. Es gibt sie zuhauf in der aktiven Berufspolitik, die bedauernswerten Geschöpfe, die ihre Mitbewerber dadurch am Erfolg zu hindern versuchen, dass sie kurz vor dem Urnengang Diskreditierendes in Umlauf bringen. Natürlich sind erfahrene Haudegen schlau genug, nicht selbst in Erscheinung zu treten, und wenn doch, dann höchstens per gemäßigtem Moralappell. Die Drecksarbeit überlassen sie ihren eher unbedeutenden Helfern außerhalb der Politik. Und diese wurden zur Wochenmitte einmal mehr aktiv, weil Bremen am 10. Mai eine neue Bürgerschaft wählt.

Auch die FDP bemüht sich um die Bremer Wähler. Zwar ist derzeit völlig offen, ob die Liberalen den Parlamentseinzug schaffen, doch will sich mancher politische Gegner auf ein Scheitern nicht verlassen. Immerhin tritt mit der aus der TV-Show „Höhle der Löwen" bekannten Unternehmerin Lencke Steiner eine ernstzunehmende Spitzenkandidatin an. Dass sie als erfolgreiche Quereinsteigerin daherkommt, wurmt manchen Kaderpolitiker wohl zusätzlich. Denn nicht wenige Abgeordnete blicken auf eine Vita zurück, die sie vom Studium direkt in Stiftungs- oder Abgeordnetenbüros und auf attraktive Listenplätze gespült hat. Bewähren mussten sich viele von ihnen in einem wirtschaftlichen Arbeitsumfeld nie.

Und nicht selten liest man auf den Webseiten der Abgeordneten von schier endlosen Universitäts-„Karrieren", die hier und da auch einmal ohne Abschluss endeten. Ohne die Hilfe ihrer Parteien wäre ein guter Teil wohl bei der Arbeitsagentur gelandet. Es ist grotesk, dass gerade aus diesen Reihen so gerne gegen jene geschossen wird, die sich unternehmerisch engagieren und anderen Menschen eine berufliche Perspektive bieten. So, wie Lencke Steiner. Als geschäftsführende Gesellschafterin eines Mittelständlers trägt sie überdies auch einen Teil des finanziellen Risikos ihres Unternehmens. Und sie engagiert sich ehrenamtlich. Seit 2012 ist sie Bundesvorsitzende des Verbands „Die jungen Unternehmer".

Dieser leistet, wie so viele Verbände, Lobbyarbeit. Verbände werden in der Regel zu diesem Zweck gegründet. Verwerflich oder gar ungesetzlich ist dies nicht. Problematisch kann es aber werden, wenn sie mächtig genug sind, politische Entscheidungen zu beeinflussen. Bei allem Respekt für deren Wirken darf man jedoch fragen, ob man den „Jungen Unternehmern" so viel Einfluss attestieren möchte. Timo Lange kümmert das nicht. Dem Vorstandsmitglied von „Lobby Control" in Berlin genügt es, dass es den Verband gibt und Steiner diesem vorsteht. Er forderte die 29-Jährige per Handelsblatt auf, ihre Lobbyarbeit bis zum Wahltag ruhen zu lassen. Steiner konterte, sie habe im Wahlkampf ohnehin keine Zeit für Auftritte als Vorsitzende des Unternehmerverbands. Das war die passende Antwort für den plumpen Anwurf.

Denn sicher käme die öko-sozial-affine „Lobby Control" niemals auf die Idee, offensichtliche Verquickungen grüner Politiker in unternehmerische Aktivitäten rund um die „Energiewende" zu hinterfragen oder gar Gewerkschaftler anzuhalten, ihr Amt niederzulegen, wenn diese zu Wahlen antreten. Stattdessen maßt sich die private Organisation an zu entscheiden, was guter Lobbyismus ist und was nicht. Warum aber eine Frau, die Menschen in Brot und Arbeit bringt, schlecht für eine Gesellschaft sein soll, während etwa die egoistischen Profiteure der „erneuerbaren Energien" gut sind, wird auch Timo Lange nicht erklären können. Offenbar geht es also weniger um das Aufdecken echter Interessenskonflikte, sondern vor allem um das Untermauern bestimmter Weltanschauungen. „Lobby Control" hat sich damit keinen Gefallen getan – eine Organisation, die sich als Hüter ihrer eigenen Moralvorstellungen versteht, braucht niemand.

Die Wunderheilungs-App
Von der Leichtgläubigkeit der Menschen

Mit den Hoffnungen von Menschen zu spielen, ist eine äußerst perfide Form der Grausamkeit. Dies gilt besonders für die Hoffnung auf Heilung. Gerade wenn es ums Überleben geht, klammern sich die Betroffenen verständlicherweise an jeden Strohhalm, sei er auch noch so dünn und brüchig. Dies hat Belle Gibson schamlos ausgenutzt. Die australische Bloggerin gaukelte einer wachsenden Fangemeinde jahrelang vor, sie habe den Krebs nur mithilfe ihrer gesunden Lebensweise besiegt. Vor allem eine vegetarische Ernährung habe den angeblichen Tumor im Gehirn verschwinden lassen.

So gerne wollten Hunderttausende an das Wunder glauben, so gewaltig schien der Markt für eine gierige Industrie, dass zunächst nur selten einmal jemand fragte, was es mit dem ganzen Spuk denn auf sich habe. Die vermeintlich vom Krebs Geheilte zog mit der dick aufgetragenen Lügenstory so viele Menschen in ihren Bann, dass kritische Nachfragen geradezu als Blasphemie anmuteten und in den sozialen Netzwerken tausendfach niedergebrüllt wurden. Belle Gibsons Vita tat ihr Übriges: Ein Kind aus schwierigen Verhältnissen mit Problemen in der Schule und ohne jegliche berufliche Perspektive, das – gerade einmal volljährig – an Krebs erkrankte und viel zu früh in die Mutterrolle geriet. Wie viel schlimmer kann es wohl kommen?

Das Rührstück schuf die Grundlage für eine Massenhysterie, die dem Realitätssinn keinen Raum mehr ließ. Keine Chance zu haben und sie dennoch zu nutzen, das ist der Stoff für Geschichten, die die Menschen lieben. Und so sorgte die geschäftstüchtige Mittzwanzigerin vor zwei Jahren mit einer Ernährungs-App für Aufsehen, die die scheinbar krebsheilende Nahrungsaufnahme steuerte. Der Mythos von der „Heilung aus der Speisekammer" war geboren. Begleitet von einer Schar begeisterter Journalisten konnte Gibson ein dreistes Lügengebäude errichten, dem am Ende selbst der Apple-Konzern zum Opfer fiel: Die von den Amerikanern preisgekrönte Food-App sollte in die neue Apple-Uhr „Smartwatch" aufgenommen werden.

Derweil klingelte die Kasse der „Wunderheilerin", nicht nur durch den Verkauf des dazugehörigen Kochbuchs, sondern vor allem durch Spenden in Höhe von umgerechnet mehr als 200.000 Euro, die sie offenbar nie an karitative Einrichtungen weitergeleitet hatte. Gibson war auf dem Höhepunkt von Ruhm und Reichtum angekommen – und legte damit den Grundstein für ihren tiefen Fall. Vor sechs Wochen nahm ihr Verlag das Buch aus dem Handel, nachdem sich die Hinweise auf den unglaublichen Betrug immer weiter verdichtet hatten. Die Entlarvte versuchte sich in Schadensbegrenzung und teilte mit, die festgestellte Streuung der Krebszellen sei eine Fehldiagnose gewesen. Doch da gab es schon keine Rettung mehr.

Unter dem wachsenden Druck der Öffentlichkeit gestand sie nun, die Krebsstory frei erfunden zu haben. Für die getäuschten Krebspatienten ist dies ein Schlag ins Gesicht. Ihnen kann niemand vorwerfen, dass sie das Unmögliche für möglich hielten. Und allen anderen? Vor allem Apple, Verlag und Medien tragen eine Mitverantwortung. Der Vorfall wirft jedoch nicht nur ein Schlaglicht auf einen Berufsstand, der sich im medialen Hochgeschwindigkeitszeitalter immer weniger mit Recherche aufhält und dem es ohnehin zunehmend an Kritikfähigkeit zu mangeln scheint. Er zeigt noch viel mehr: Wir Menschen sind zu leichtgläubig. Hierzulande ist dies besonders ausgeprägt. Wir gehen Bank-Beratern", Politikern und Werbe-Schauspielern ebenso auf den Leim, wie den adretten Damen und Herren, die uns die Nachrichten vom Teleprompter vorlesen, oder Redaktionen, die uns ihre Weltsicht aufdrängen. Der Fall Gibson hat daher auch etwas Gutes: Er lehrt uns, viel kritischer mit allem umzugehen, was andere uns erzählen – auch dann, wenn sie sich als Experten bezeichnen.

Gebremste Gier
Commerzbank zahlt weiter „Hunger-Boni"

Gegen die Gier der Banker scheint kein Kraut gewachsen. Seit der Finanzkrise weiß jedes Kind, welche Exzesse sich in den Banktürmen abspielen – und wohin sie uns geführt haben. Geändert hat sich dennoch kaum etwas. Den Gerichten ist es nicht gelungen, die Verantwortlichen tatsächlich zur Verantwortung zu ziehen. Und die Aufsicht hinkt den umtriebigen Zockern immer noch weit hinterher, die ihre gefährlichen Geschäfte nun im Verborgenen der Schattenbanken betreiben. Vor allem aber müssen die Spekulanten im feinen Zwirn die Risiken ihrer Spielsucht nach wie vor nicht selbst tragen. Im Gegenteil: Diese werden ihnen inzwischen gar nahezu vollständig abgenommen, um den Preis einer Deckelung der Bonuszahlungen.

Keine Sorge, immer noch verdienen Banker prächtig, nur können sie sich ihre monströsen Boni nicht mehr ohne weiteres gönnen. Ansonsten ist alles beim Alten. Wenige Jahre nach dem globalen Beinahe-Kollaps hat das Casino Royale längst wieder geöffnet. Der Kapitaleinsatz kommt heute allerdings von der Europäischen Zentralbank. So ist es wenig überraschend, dass die Bankengewinne wieder kräftig sprudeln, wenn nicht gerade – wie unlängst bei der Deutschen Bank – Milliardenstrafen für Betrügereien zu berappen sind. Ungeniert langen die Banker zu, um sich für ihr selbsterklärtes „Gotteswerk" zu belohnen.

Im vergangenen Jahr hatte sich etwa die Deutsche Bank von ihren Aktionären absegnen lassen, dass sich die Führungsriege von der EU-weiten Bonus-Obergrenze abkoppeln und künftig das Doppelte ihres Grundgehalts zusätzlich einstreichen kann. Dies ist möglich, wenn eine Dreiviertel-Mehrheit auf der Hauptversammlung es so will. Eine solche Mehrheit zu besorgen, ist allerdings wirklich kein Kunststück, halten doch gewogene Fondsgesellschaften und Großanleger in der Regel das Kapital für die notwendigen Stimmanteile. Die Commerzbank wollte da nicht zurückstehen: Ihre mehr als 200 „erfolgskritischen Mitarbeiter" sollten künftig ebenfalls Boni erhalten können, die bis zum Doppelten des Fixgehalts reichen.

Ein dreistes Bauernstück, das zeigt, wie wenig Gespür Banker offenbar dafür besitzen, was sich gehört. Immerhin ist die Commerzbank auch mehr als sechs Jahre nach ihrer Rettung durch den deutschen Steuerzahler noch nicht wieder in der Lage, Dividenden an ihre Aktionäre auszuschütten. Ihr Aktienkurs dümpelt, obwohl trickreich optisch frisiert. Und immer wieder verwässern Kapitalerhöhungen die Ertragskraft der alten Aktien, wie in dieser Woche geschehen. Wie kommen Vorstand und Aufsichtsrat angesichts dieser Rahmenbedingungen auf die Idee, ihren Investmentbankern noch mehr Geld zuzustecken? Was geht in Menschen vor, denen Anstand und Moral egal zu sein scheinen? Das fragen sich nicht nur die Anteilseigner in diesen Tagen. Zum Glück scheiterte das Vorhaben am Veto des Finanzministeriums.

Nach wie vor halten nämlich wir Steuerzahler über den Bankenrettungsfonds SoFFin 17% der Commerzbank-Aktien. Das genügte, um den Coup zu verhindern. Die Abfuhr ist ein herber Schlag für den Aufsichtsratsvorsitzenden Klaus-Peter Müller, dessen Vita ihn geradezu als inoffiziellen Mitarbeiter der Bundesregierung erscheinen lässt. Wie konnte ausgerechnet ihm entgangen sein, dass seine Kameraden aus Berlin ihm diesmal nicht treu zur Seite stehen würden? Doch in eigener Sache konnte er sich auf sie verlassen: Die Erhöhung der Bonusgrenze für den Vorstand auf 140% des Grundgehalts segneten die SoFFin-Vertreter ab – so ganz verderben wollten sie es sich mit ihren Banker-Kumpanen dann wohl doch nicht.

Der Grobe und der Grube
Weselsky steuert Lokführer aufs Abstellgleis

GDL-Herrscher Claus Weselsky spielt den starken Mann. Zwar haben seine Lokführer inzwischen endlich aufgehört zu streiken, doch hat der Imperator trotz der uns nun großzügig gewährten „Streikpause" bereits neues Ungemach angekündigt. Und niemand scheint den völlig außer Kontrolle geratenen Funktionär bändigen zu können, den die gefährliche Mischung aus eitler Großmannssucht und blinder Entschlossenheit zum unberechenbaren Gegner macht. Kein Stück rückt Weselsky von seinen Maximalforderungen für die GDL ab, die mit ihren wenigen Mitgliedern ein ganzes Land lahmlegt. Und viele fragen sich, ob er sich nächstes Mal mit einer fünftägigen Geiselnahme der vielen Millionen Pendler zufriedengeben wird.

Denn für seinen „Heiligen Krieg", wie sein Vorgänger Weselskys Feldzug einmal nannte, scheint ihm jedes Mittel recht. Hilflos stehen Politik und Rechtsstaat dem unseligen Treiben gegenüber, das sich zwar im Rahmen geltender Gesetze bewegt, zugleich aber das Streikrecht pervertiert. Es ist daher kein Wunder, dass sich die öffentliche Meinung gedreht hat: Durfte sich Weselsky in der Vergangenheit noch auf die mehrheitliche Solidarität der bestreikten Bürger verlassen, hat er den Bogen nun überspannt. So weit hat es der oberste Lokführer im Konflikt mit der Bahn getrieben, dass jeder Ausweg inzwischen versperrt ist.

Alles oder nichts, heißt die Devise. Doch nun wird es für Weselsky eng. Bei Einstiegsgehältern jenseits von 2.500 Euro fehlte vielen schon beim letzten großen GDL-Streik im Herbst 2014 jedes Verständnis. Sehr viel eher könnte man sich da mit den Kita-Kräften solidarisieren, die derzeit ebenfalls für mehr Gehalt in den Ausstand getreten sind. Sie verdienen eine weit größere Wertschätzung, wie auch Pflegekräfte und die Mitarbeiter in den Krankenhäusern oder Arztpraxen. Womit aber eine noch bessere Bezahlung für das Steuern eines Fahrzeugs auf Schienen zu rechtfertigen wäre, bei dem es vor allem darauf ankommt, die wenigen unterschiedlichen Signale entlang der immer gleichen Strecke zu beachten, erschließt sich nicht ohne weiteres. Weselsky stört sich daran nicht. Ihm geht es um Macht. Und ums eigene Ego.

Seinen Realitätsverlust scheint er selbst nicht zu bemerken. Und Berater hat er offenbar nicht. Dies würde wohl auch nicht zum Führungsstil eines Mannes passen, dem diktatorische Züge nachgesagt werden. Offenkundig ist jedenfalls, dass der auf dem Bauernhof aufgewachsene Sachse vor Grobheiten nicht zurückschreckt. Weselskys Amoklauf ist Wasser auf die Mühlen all jener, die das Treiben der Gewerkschaften seit jeher kritisch beäugen. Natürlich sind Interessenvertretungen für Arbeitnehmer legitim. Wenn sich aber, wie in diesem Fall, die Gewerkschaftsführung verselbständigt und nicht mehr im Sinne der eigenen Mitglieder agiert, stellt sich die Frage nach der Daseinsberechtigung.

Und so droht der GDL und ihrem Chef Weselsky das baldige Aus. Der macht übrigens nicht nur als ehemaliger Lokführer eine schlechte Figur, sondern auch als Autofahrer: Jetzt erst kam heraus, dass der 56-Jährige bereits im letzten Sommer einer Verurteilung als Autobahn-Rowdy nur dadurch entging, dass er die Einstellung des Verfahrens gegen eine Zahlung von 250 Euro für karitative Zwecke erwirkte. Die Staatsanwaltschaft ermittelte gegen ihn (AZ 201 Js 31524/14), weil ein vorausfahrendes Fahrzeug dem Lok-Chef auch mit 180 km/h nicht schnell genug war. Der bedrängte Fahrer hatte anschließend Anzeige erstattet. Mit „Terror-Lichthupe" und unfreundlichen Handzeichen soll sich Weselsky damals den Weg freigekämpft haben. So ähnlich versucht er es auch nun wieder, doch dürfte die Strafe für sein brachiales Vorgehen diesmal ungleich höher ausfallen.

Klassenkampf im Hörsaal
Die Verleumdungsfreiheit linker Extremisten

Die Lust an der Denunziation ist ein wesentliches Merkmal sozialistischer Grundhaltungen. Dabei spielt es keine Rolle, ob es sich um den National-Sozialismus oder den Links-Sozialismus handelt. Die beiden Lager unterscheiden sich nur in ihren Motiven. Der Links-Sozialismus ist vor allem durch einen ausgeprägten Hang zum Neid gekennzeichnet, der sich aus der irrigen Annahme speist, totale Gleichheit führe zu totaler Gerechtigkeit. Dies ist das Hauptargument seiner Verfechter, denen es Vergnügen bereitet, ihr Gegenüber in eine Grundsatzdiskussion zu verwickeln, in der sie stundenlang über die Schädlichkeit des Leistungsgedankens für die Gesellschaft referieren können.

Überhaupt scheinen sich Linke als Missionare zu verstehen. Ihr ausgeprägtes Sendungsbewusstsein erlaubt ihnen dabei nicht, sich kurz zu fassen. Sichtbar wird dies immer dort, wo man im Internet oder in den Kommentarspalten der Zeitungen auf ihre Meinungsbeiträge trifft. Doch mit schlichtem Gerechtigkeits-Mantra geben sie sich längst nicht mehr zufrieden. Was sich zum Beispiel aktuell an der Berliner Humboldt-Universität abspielt, hat eine ganz neue, erschreckende Qualität. Hier geht es nicht mehr nur um den Kampf der Trotzkisten – eine Handvoll Soziologiestudenten führt vielmehr ihren eigenen Vernichtungsfeldzug.

Anlass sind die Vorlesungen ihnen nicht genehmer Professoren. Der jetzt bekannt gewordene Fall ist keinesfalls der erste, doch nimmt die Hochschule diesmal eine unrühmliche Rolle ein. Zwar preist sie den aus dem Hinterhalt attackierten Dozenten Herfried Münkler zu Recht als einen der „herausragenden Professoren" der Universität, und als einen der „renommiertesten Politikwissenschaftler Deutschlands", doch vermeidet sie, sich wie in einem ähnlichen Fall im vergangenen Jahr scharf von den ehrabschneidenden Aktivitäten der „Stasi-Studenten" zu distanzieren. Stattdessen lädt sie die feigen Heckenschützen gar zum „wissenschaftlichen Dialog" ein – und man fragt sich, wie viel Naivität dazugehört, zu glauben, die Schmierfinken seien daran interessiert.

Viel lieber nutzen die Klassenkämpfer einen eigens eingerichteten Blog, um aus der Anonymität des Netzes heraus absurde Behauptungen aufzustellen, krude Ableitungen zu führen und erschreckende Denkmuster zu offenbaren. Wäre all dies nicht so traurig, müsste man lachen über die dabei zur Schau gestellte Begrenztheit. Ungeniert bekennen die Blogger nämlich, dass sie es vor allem deshalb auf Professor Münkler abgesehen haben, weil er ihnen „rhetorisch überlegen" sei und im Hörsaal „uneingeschränktes Rederecht" genieße. Doch damit nicht genug: Münkler werden außerdem rassistische Äußerungen unterstellt, die allerdings keiner der übrigen Studenten zu bestätigen vermag und auch der Gescholtene empört von sich weist.

Er sei frauenfeindlich, weil er jedwedes Gendering vermeide und bediene sich einer Sprache, die den hohen Maßstäben der politischen Korrektheit nicht gerecht werde. Mit zahlreichen, aus dem Zusammenhang gerissenen Beispielen und falschen Zitaten gelingt es dem Mob dabei offenkundig, eine größere Gruppe gegen den Professor aufzubringen. Vollends absurd wird das Treiben dort, wo Münkler unterstellt wird, eine einseitige Auswahl von Theoretikern zu treffen, anhand derer er den Vorlesungszyklus gestaltet. Er vernachlässige afrikanische Autoren ebenso wie den großen Mao. Man kann sich allerdings des Eindrucks nicht erwehren, dass die Klassenkämpfer schon mit der aktuellen Zusammenstellung politischer Denker intellektuell überfordert sind. Die Vorstellung, dass diese Menschen einen Hochschulabschluss erwerben werden, ist irgendwie unheimlich. Einige von ihnen werden wir auf der politischen Bühne erleben. Sie werden in Mandate gespült und unser Land mitregieren. Es ist nur ein schwacher Trost, dass sie dann immerhin nicht mehr anonym agieren können.

Das Trojanische Pferd
Frontalangriff auf die „geprägte Freiheit"

Als Mitglied im Sachverständigenrat, der die Bundesregierung in Wirtschaftsfragen berät, gilt man im Volksmund als „Weiser". Und der Ehrentitel ist durchaus verdient, schaffen es doch die wenigsten Ökonomen jemals bis in das erlauchte Fünfer-Gremium. Dort angekommen, lesen sie der Bundesregierung regelmäßig die Leviten, um falsche Weichenstellungen möglichst früh zu korrigieren. Nicht immer kommt das gut an, wie die Anfeindungen aus den Reihen der SPD nach dem letzten Jahresbericht der „Wirtschaftsweisen" gezeigt haben. Dabei ging es vor allem um den Mindestlohn. Einer von ihnen hatte allerdings schon damals seine ganz eigene Meinung: Der gewerkschaftsnahe Peter Bofinger.

Er tanzt immer wieder aus der Reihe und scheint seine Einschätzungen mehr auf die Liebe zu roten Parteifarben zu gründen als auf volkswirtschaftliche Erkenntnisse. In dieser Woche wartete Bofinger mit dem Vorschlag auf, das Bargeld abzuschaffen. Die Idee ist nicht neu. So gilt in Italien für Bargeldzahlungen bereits seit einigen Jahren eine Obergrenze von 1.000 Euro. Frankreich wird im Herbst nachziehen. In Griechenland sind es 500 Euro. In Skandinavien geht man einen anderen Weg, der jedoch auf das gleiche Ziel hinausläuft. Dort darf der Händler entscheiden, ob statt der standardmäßig vorgesehenen Kartenzahlung auch Scheine und Münzen angenommen werden.

Was auf den ersten Blick wie ein besonderer Service für den Verbraucher aussieht, ist in Wahrheit ein trojanisches Pferd. So bequem es ist, immer und überall ohne das lästige Kleingeld in der Tasche herumzulaufen, so sehr liefert der bargeldlose Verkehr die Menschen der Kontrolle des Staates aus. Zwar wird niemand bestreiten wollen, dass es notwendig ist, Geldwäsche und Schwarzarbeit zu bekämpfen. Und auch das organisierte Verbrechen wird sich schwerer tun ohne Bargeld. Nicht ohne Grund war Italien der Vorreiter. Doch wäre es zu kurz gesprungen, diese offensichtlichen Vorteile höher zu gewichten als die gravierenden Beschränkungen der individuellen Freiheit. Denn künftig werden selbst banalste Alltagstransaktionen ungeahnten Rechtfertigungsdruck ausüben, wenn etwa der Fiskus hinter der regelmäßigen Unterstützung des Enkels durch die Oma ein meldepflichtiges Beschäftigungsverhältnis vermutet.

Wir Bürger werden dann noch mehr Fragen beantworten müssen. Doch warum wollen Bofinger und einige andere uns das (Bar-)Geld wegnehmen? Die Antwort ist simpel: Je mehr davon im Umlauf ist, umso schwieriger ist es für Zentralbanken, Geld über Negativzinsen zu „besteuern". Denn die lassen sich eben nur auf Kontoguthaben erheben. Früher war die EZB mal für die Geldwertstabilität zuständig, doch die sich immer weiter zuspitzende Haushaltskrise hat längst zu ihrer politischen Instrumentalisierung geführt. Heute ist das Geldabschöpfen Aufgabe der EZB. Die „Mission Enteignung" läuft auf vollen Touren.

Doch das wird umso schwieriger, je mehr Bargeld die Bürger ohne Wissen der Behörden zuhause liegen haben. Wie also herankommen an die versteckten Spargroschen? Nullzinsen und reale Geldentwertung sind bereits Praxis. Doch das genügt der Politik nicht. Erst die vollständige Kontrolle aller Zahlungsströme maximiert das Abschöpfungspotential und schafft den „gläsernen Finanzbürger". Dies ruft bei manchem lediglich ein Schulterzucken hervor; erstaunlich weit ist die Ansicht verbreitet, der Staat habe ein Recht darauf, immer zu wissen, was seine Bürger tun. Doch das hat er nicht! Es wird Zeit, sich die Vorzüge unserer so selbstverständlichen Demokratie ins Gedächtnis zu rufen. Bargeld ist „geprägte Freiheit" – wer es aufgibt, verliert viel mehr als er sich heute vorstellen mag.

Merkels Maut-Trick
Große Koalition kann sich auf Brüssel verlassen

Als CSU-Chef Horst Seehofer 2013 von der Pkw-Maut schwadronierte, schwante vielen nichts Gutes. Man ahnte, dass sich die damalige bayerische Wahlkampf-Parole irgendwann verselbständigen würde. Zwar legte Angela Merkel umgehend ihr Veto ein, doch wusste jeder, dass dies nichts zu bedeuten hatte. Und vor zwei Monaten war es soweit: Unter der Führung der Wendehals-Kanzlerin durfte sich Seehofers Splitterpartei einer ausreichenden Zustimmung nicht nur aus den Reihen der CDU, sondern auch der SPD sicher sein. Mietpreisbremse und Mindestlohn hier, Mütterrente und Maut dort, lautete der Kuhhandel.

Dass Rechtsexperten nicht müde wurden, auf die Fragwürdigkeit des Maut-Unterfangens hinzuweisen, dass die EU unmissverständliche Signale der Gegenwehr aussandte und dass die Modellrechnungen zum Ergebnis kamen, der immense Verwaltungsaufwand werde alle Einnahmen verschlingen, störte die Großkoalitionäre nicht. Die Maut musste her. Und am Ende hatten alle bekommen, was sie wollten. Die Koalitionspartner zumindest. Ob dies dem Bürger nutzt, spielt keine Rolle. Was zählt, ist der Koalitionsfriede, wen stören da die paar Millionen Empörten? Die bekamen eine Beruhigungspille verabreicht: Für die zusätzlichen Kosten der Maut werde man die Kfz-Steuer in gleicher Höhe absenken.

Doch bei neueren, sehr sparsamen Modellen ging diese Rechnung von Beginn an nicht auf. Und man darf inzwischen annehmen, dass sie auch für keinen der übrigen 44 Millionen Pkws in Deutschland funktionieren wird. Zum Wochenausklang verkündete die EU-Kommission nämlich, gegen das deutsche Maut-Gesetz klagen zu wollen. Es bevorzuge einheimische Kfz-Halter in unangemessener Weise, weil diese – anders als ausländische Autofahrer – die Maut über eine Reduzierung der Kfz-Steuer faktisch nicht zu berappen hätten. Nun werden sich die Juristen streiten, doch einiges deutet darauf hin, dass die geplante Maut dem deutschen Autofahrer am Ende zusätzliche Kosten bescheren wird. Der Bundestagswahlkampf 2017 dürfte sein erstes Thema haben. Ist der deutsche Michel sonst auch mit außerordentlichem Langmut gesegnet, hört für ihn der Spaß beim Thema Auto auf. Und beim Geld sowieso.

Das absehbare Scheitern der Mautentlastung bringt die CSU unter Beschuss. Von ihrer Stammtischwählerschaft, die sich um ein Wahlversprechen betrogen sieht, von der SPD, die schon Anfang 2013 gewütet hatte, die Maut sei unsozial, und von den Autofahrern in Deutschland, für die nun zur Gewissheit wird, was viele schon lange vermuten: Sie werden künftig noch stärker abkassiert. Man muss schon sehr an das Gute in der Welt glauben, um der Union Fahrlässigkeit in der Umsetzung ihrer Maut-Pläne zu attestieren. Zu sehr war von Beginn an erkennbar, dass die Sache in die Hose gehen würde.

Steckte also Kalkül dahinter? Immerhin könnte man sich nun darauf herausreden, man habe ja gewollt, aber die EU lasse einen eben nicht. Vielleicht auch deshalb Merkels und Gabriels zur Schau gestellte Gelassenheit. Das Geld fließt in die Kassen, zurückzugeben braucht man nichts – Brüssel sei Dank. Doch einer könnte sich diesmal verrechnet haben. Die Mehrwertsteuersenkung konnte die CSU 2010 noch der FDP in die Schuhe schieben, weil diese so sehr mit sich selbst beschäftigt war, dass sie das Foulspiel gar nicht bemerkte. Für das Maut-Desaster wird aber auch der wendige Seehofer keinen Sündenbock finden, will er nicht die Große Koalition mit Anti-EU-Tiraden aufs Spiel setzen.

„Unhistorisch und unpolitisch"
Eine Klima-Göttin wittert Blasphemie

Im Fokus steht diesmal Bundesumweltministerin Barbara Hendricks. Die frühere Geschichtslehrerin, die wohl nur SPD-Genossen und eingefleischten Aktivisten überhaupt ein Begriff ist, ließ sich vor Wochenfrist in der FAZ über die großen Erfolge der deutschen Klimapolitik aus. Anlass war ein Anfang Mai von Björn Lomborg dort veröffentlichter Artikel, in dem der dänische Wissenschaftler „Deutschlands gescheiterte Klimapolitik" analysierte und zu dem eindeutigen Fazit kam, die deutsche Energiewende sei teuer und unwirksam. Nun ist Lomborg nicht irgendwer. Der Leiter des renommierten Copenhagen Consensus Center und erfolgreiche Buchautor hat sich mit dem gemeinsam mit Wirtschaftsnobelpreisträgern erstellten „Copenhagen Consensus" einen Namen gemacht.

Die auf dieser Grundlage kontinuierlich weiterentwickelten Vorschläge zur Priorisierung der bedeutendsten Herausforderungen für die Menschheit finden weltweit Beachtung. Lomborg und sein wissenschaftlicher Stab setzen sich dabei auch mit der deutschen Klimapolitik auseinander – und kommen zu einem geradezu vernichtenden Ergebnis. Nun kann man immer unterschiedlicher Meinung sein. Auch an Lomborgs Kosten-Nutzen-Ansatz gibt es Kritik und die Ministerin hat das Recht, darauf hinzuweisen. Entscheidend ist jedoch, wie man mit anderen Auffassungen umgeht und ob man sie respektiert.

Und hier lieferte die 63-jährige Historikerin an der Spitze des Bundesumweltministeriums ein Anschauungsbeispiel für die sattsam bekannte Dünnhäutigkeit der Klima-Apokalyptiker. Argumentativ ihrem Gegenüber unterlegen, hält sie sich in ihrer Replik nicht lange mit wissenschaftlicher Untermauerung auf. Stattdessen geht es nach altbewährtem Muster schnurstracks unter die Gürtellinie. Noch vor jeder inhaltlichen Auseinandersetzung versucht Hendricks Lomborg mit dem Hinweis darauf zu diskreditieren, dass die Universität von Westaustralien einen Vertrag über die Zusammenarbeit mit seinem Institut gekündigt habe, weil er weder Wissenschaftler, noch Ökonom sei. Sie bezichtigt ihn einer „unhistorischen und unpolitischen" Arbeitsweise und lässt keine Gelegenheit aus, ihre Geringschätzung zum Ausdruck zu bringen. Hendricks bemüht allerlei Statistik und jede Menge politische Floskeln.

Ihr Zahlensalat gipfelt in der Feststellung, die erneuerbaren Energien seien inzwischen „kostengünstig und konkurrenzfähig". Dass dies trotz schier unendlicher Milliardensubventionen – fast 22 Mrd. Euro in 2015 – nicht stimmt, kann jeder auf seiner Stromrechnung ablesen. Sei´s drum, in der Welt der Ministerin sind eben viele Dinge etwas anders. Der peinlich-schrille Rundumschlag gegen jedwede Kritik zeigt, wie schwierig es angesichts einer immer offensichtlicher gescheiterten Klimapolitik mittlerweile für die Öko-Industrie geworden ist, ihren Fürsprechern einen glaubhaften Auftritt zu verschaffen.

Hendricks ist von ihren Auftraggebern sicherlich ordentlich vorbereitet worden. Dass dabei so wenig Substanz herauskommt, spricht für sich selbst. Fast verplappert sie sich noch mit dem Hinweis, die erneuerbaren Energien seien inzwischen „ein bedeutender Wirtschaftsfaktor in Deutschland". Eben diese Interessen sind es, die uns den Spuk eingebracht haben. In kaum einem anderen Land haben die Lobbyisten der „grünen" Konzerne so viel Erfolg. Dies liegt vor allem am antrainierten schlechten Gewissen der Deutschen, mit dem sich Vorhaben durchsetzen lassen, die anderswo undenkbar wären. Hendricks darf sich also des Beifalls sicher sein – ganz gleich, wie krude ihre Argumentation oder wie unschicklich ihre persönlichen Angriffe. Doch eines bleibt: Sie hat zusammen mit ihren grünen Komplizen das Leben der Menschen teurer, schlechter und unfreier gemacht. Und dabei hat sie nicht einmal dem Klima geholfen, das über die Selbstüberschätzung des Menschen ohnehin nur lachen kann.

Schneller Sinneswandel
Ulusoy reicht der Sieg des Islam

Der Kampf ums Kopftuch hat Deutschland in der Vergangenheit oft beschäftigt. Und man muss kein Prophet sein, um vorherzusagen, dass der Säkularismus unseres Staates auch künftig durch religiöse Eiferer in Frage gestellt werden wird. Herausgefordert werden wir jedoch nicht vom Buddhismus, dem Judentum oder etwa von fundamentalistischen Christen, sondern von jenen, die sich den Islam zur Beute machen. Nun sorgt in Berlin ein Fall für Aufregung, bei dem sich selbst die Gutmenschen einmal fragen müssen, wie sehr sie sich vom politischen Islam instrumentalisieren lassen möchten. Betül Ulusoy hat dort für Empörung gesorgt, weil sie sich erst den Dienstantritt mit Kopftuch erstritt, um dann ihr Rechtsreferendariat im Bezirksamt Neukölln sausen zu lassen.

Am Freitagnachmittag verstrich die Frist zur Rückmeldung, ohne dass man im Bezirksamt etwas von Ulusoy gehört hätte. Damit wird die Stelle neu vergeben. Was mancher mit einem Schulterzucken quittieren dürfte, bedeutet für die Mitbewerber, dass ihnen eine Stelle verwehrt wurde, weil eine junge Frau offenbar ihren Feldzug im Namen Allahs führen wollte. Statt Chancengleichheit, wofür sie angeblich stritt, hat Ulusoy eine „Lex Kopftuch" geschaffen. Trotz ihres verbissenen Kampfes war die streitlustige Muslima augenscheinlich nie wirklich an der Position interessiert.

Klare Worte fand der SPD-Bundestagsabgeordnete Fritz Felgentreu. Er schrieb Ulusoy ins Gebetbuch: „Man kann Ihre Entscheidung eigentlich nur so verstehen, dass es Ihnen von Anfang an ausschließlich um Ihre politische Kampagne gegangen ist, nicht um Ihre Ausbildung". Immerhin hatte das Bezirksamt Neukölln sich auf den Kompromiss eingelassen, dass Ulusoy ihr Kopftuch während der Arbeit tragen könne, solange sie keine „hoheitlichen Aufgaben mit Bürgerkontakt" wahrnehme. Man war gar bereit, die 26-Jährige von derartigen Tätigkeiten freizustellen. Schon dieses Entgegenkommen ist kaum nachvollziehbar, wirft es doch die Frage auf, warum eine kerngesunde Rechtsreferendarin im Vollbesitz ihrer Kräfte Teile ihrer Ausbildung schwänzen kann, während alle übrigen Kollegen das komplette Programm abzuleisten haben, nur, weil sie zufällig kein Kopftuch tragen wollen.

Der Vorgang steht einmal mehr sinnbildlich für die Fehlentwicklungen in unserer Gesellschaft: Im perfektionierten Wahn, niemandem auch nur das kleinste „Unrecht" antun zu wollen, überhöhen wir die Bedürfnisse Einzelner in unangemessener Weise. Dabei wird erst durch die Befriedigung von Einzelinteressen die eigentliche Ungerechtigkeit für den Rest der Gesellschaft geschaffen. Statt wie im Fall Ulusoy den Grundsatz zu verteidigen, dass für alle die gleichen Regeln zu gelten haben, werden vor allem für den Islam immer wieder Ausnahmen geschaffen. Zu einer Befriedung der schwelenden Konflikte trägt dieses Rechtsverständnis ganz sicher nicht bei.

Ulusoy hat ihr Ziel erreicht. Trotz des nicht nur in Berlin geltenden Neutralitätsgebots bei der Wahrnehmung hoheitlicher Aufgaben wird der Fall eine Präzedenzwirkung entfalten. Allerdings scheint dies der „Kopftuchkriegerin" nicht zu genügen. Zum Wochenende setzte sie noch einen drauf: Sie wolle die Stelle nicht mehr, weil es seitens des Bezirksamts islamophobe und sogar sexistische Kommentare gegeben habe. Ein trauriger Abgang einer bedauernswerten Frau. Und ein weiterer Bärendienst am Islam, der es gerade wegen der Ulusoys unserer Zeit so schwer hat, breite Akzeptanz in der westlichen Wertegemeinschaft zu finden.

„Mein Kind, mein Hund!"
Ein Plädoyer für mehr Eigenverantwortung

Die „Augsburger Allgemeine" schießt diesmal den Vogel ab. Mit ihrer Headline zur Diskussion über ein Verbotsschild in einer Düsseldorfer Strandbar beweist sie, wie wenig es dem Journalismus unserer Zeit noch auf seriöse Berichterstattung ankommt. Oft kann man Kommentare nicht mal mehr von Meldungen unterscheiden. Die Grenzen verschwimmen, weil inzwischen auch die Chefredaktionen von Zeitungen mit mehr als vier Buchstaben reißerischen Journalismus unterstützen. Angeblich wolle der Leser „meinungsstarke" Artikel statt sachlicher Informationen. Natürlich geht es dabei jedoch vor allem um Quoten und Auflagen.

Anlass des Aufregers ist einer der schönsten und bekanntesten Biergärten Düsseldorfs. Dessen Betreiber hatte den Strandbereich zur kinder- und hundefreien Zone erklärt. Nach schier endlosen Bemühungen, einige Gäste zu mehr Rücksichtnahme zu bewegen, sah er sich im Frühjahr zu diesem Schritt gezwungen. In den sozialen Netzwerken wird dies seither rege diskutiert – und die Augsburger Allgemeine spricht von „großer Empörung". Wie so oft in der Berichterstattung wird auch hier die Lautstärke protestierender Gegner fälschlicherweise als Gradmesser für die Gesamtempörung herangezogen. Dabei waren die meisten Rückmeldungen durchaus verständnisvoll, viele gar ausgesprochen positiv.

Und auch die Besucher der Strandbar empfinden die Regelung als echten Gewinn. Wo einst Kinder mit Billigung ihrer Eltern andere Gäste mit Sand bewarfen und Hundebesitzer sich am großen Geschäft ihrer Vierbeiner erfreuten, kann man heute – nur noch gestört von den Mücken – die Seele baumeln lassen. Er habe selbst drei Kinder und sich mit dem Schritt schwer getan, gibt der Wirt des „Sonnendecks" unumwunden zu, aber der fehlende Wille vieler Eltern, ihrer Aufsichtspflicht nachzukommen, habe ihm keine Wahl gelassen. Damit ist das Problem treffend beschrieben, und die Kritik könnte nicht glaubwürdiger sein, als aus dem Mund eines dreifachen Vaters. Ganz im Sinne des Zeitgeists weisen viele junge Eltern der Gesellschaft nämlich einen Teil der Erziehungsaufgaben zu.

Man macht es sich leicht: Ob in der Sozialpolitik, in Fragen des öffentlichen Zusammenlebens oder beim Dauerbrenner Integration – immer werden nicht dem Einzelnen besondere Anstrengungen abverlangt, sondern allen anderen. Die sollen gefälligst alles dafür tun soll, die Situation zu lösen – freilich ohne Mühen oder Härten für das betroffene Einzelschicksal. Auch Eltern scheinen häufig zu glauben, dass sie die Verantwortung für ihre Kinder außerhalb der eigenen vier Wände an die Gesellschaft abgeben können, egal, ob in der Schule, im Sportverein oder in Restaurants. Dabei steht völlig außer Frage, dass es ohne Kompromisse nicht geht. Und Querulanten, die ihr Haus neben dem Sportplatz bauen und sich dann über den Kinderlärm beschweren, braucht niemand.

Auch Kindergärten und Spielplätze gehören selbstverständlich zum öffentlichen Leben und sollten keinen Anlass zur Klage geben. Doch um derlei Selbstverständlichkeiten geht es nicht. Es geht um viel Grundsätzlicheres: Sind wir dafür, dass der Einzelne die Verantwortung für seinen Lebensentwurf an die Gesellschaft abtritt? Ist es in Ordnung, anderen das Recht auf Privatsphäre abzusprechen? Ich denke, beide Fragen sollten wir verneinen. Und was die Strandbar angeht: Wer aus dem Wunsch der Gäste Kinderfeindlichkeit konstruiert, für ihr Geld ein gepflegtes, erholsames Ambiente vorzufinden, argumentiert unredlich. Statt gegen die Ausübung des Hausrechts zu polemisieren, sollte sich der lautstarke Chor der Empörten lieber fragen, ob er selbst jene Toleranz aufbringt, die er für sich so gerne einfordert.

Weg mit dem Wettkampf
Die fehlende Demut einer Helikoptermutter

Gewinnen und Verlieren gehören zum Leben. Einen Gefallen tut man Kindern daher nicht, wenn man sie möglichst lange vor Nackenschlägen zu bewahren versucht. Doch eine alleinerziehende Mutter aus Konstanz scheint zu glauben, dass genau dies das Beste für ihren Nachwuchs ist. Die für das linkslastige „Junge Forum Konstanz" im Stadtparlament sitzende Christine Finke hat eine Online-Petition gestartet, um die „Bundesjugendspiele" abzuschaffen. Anlass war die herbe Enttäuschung ihres wohl mit dem Sport auf Kriegsfuß stehenden Sohnes über den Erhalt lediglich einer Teilnehmerurkunde.

Dazu muss man wissen, dass es für ein halbwegs gesundes Kind schon eines ausgeprägten Mangels an Ehrgeiz bedarf, um beim Schulwettkampf im Werfen, Laufen und Springen nicht wenigstens eine Siegerurkunde zu ergattern. Doch die dreifache Mutter mit eigenem Blog macht keinen Hehl daraus, dass ihr jedes Leistungsdenken ein echter Dorn im Auge ist. Der „starke Wettkampfcharakter" gebe vielen Schülern das Gefühl, „vor der Peergroup gedemütigt zu werden", begründet sie ihre Petition, die schon mehr als 17.000 Unterstützer(innen) gefunden hat. Der Sturm, der sich am Bodensee zusammengebraut hat, sorgt für bundesweiten Wirbel. Ist es wirklich nicht mehr zeitgemäß, Schüler dem sportlichen Wettstreit auszusetzen, wie die selbsterklärte Twitter-Süchtige behauptet?

Oder arbeitet sie sich etwa auf Kosten ihrer Kinder nur an eigenem Erlebten ab, weil sie selbst die Wettkämpfe „jedes Jahr aufs Neue gehasst" hat, wie sie zugibt? Ich bin der festen Überzeugung, dass es für Heranwachsende keine bessere Schule für das Leben gibt als den sportlichen Wettkampf. Eine Mutter, die diesen abschaffen will, nimmt ihren Kindern die Chance, wichtige Erfahrungen zu sammeln und mit den unvermeidlichen Niederlagen des Lebens umgehen zu lernen. Sie verhindert, dass ihre Kinder elementare soziale Kompetenzen erwerben können. Vor allem aber stiehlt sie ihnen eines der kostbarsten Geschenke, die das Leben bereithält: Sie raubt ihren Kindern die Fähigkeit, die süßen Früchte eigener Anstrengungen schmecken und genießen zu können. Denn wer die Tiefen nicht kennt, lernt auch die Höhen niemals so recht zu schätzen.

Der öffentliche Vorstoß der linken Kommunalpolitikerin ist das traurige Eingeständnis des Scheiterns einer Mutter. Er steht aber auch sinnbildlich für die linke Ideologie. Respekt, Demut und Anerkennung fremder Leistungen sind Fähigkeiten, die junge Menschen im Wettkampf mit anderen erlernen. Und es sind genau jene Eigenschaften, die dem linken Lager abgehen. Es verwundert nicht, dass sich bereits viele Tausend Mitstreiter der Petition angeschlossen haben. Zu sehr ist heute leistungsfeindliches Denken in unserer Gesellschaft verankert. Es ist ja auch so viel einfacher, den Wettbewerb abzuschaffen als sich anzustrengen.

In Zeiten ausufernder Umverteilung tut die Politik alles dafür, dem menschlichen Hang zur Trägheit nachzugeben. Der Länderfinanzausgleich ist dabei im Großen, was die auskömmliche Versorgung unterschiedlichster „Bedürftiger" im Kleinen ist. Und immer gilt: Wer mehr leistet als andere, wird bestraft. Und wer vorgibt, „schwach" zu sein, wird „solidarisch" aufgefangen, ohne fürchten zu müssen, nach eigenen Anstrengungen gefragt zu werden. Die Stadträtin aus Konstanz profitiert seit vielen Jahren von der Solidargemeinschaft. Doch ihre Kinder sollen es besser haben als sie: Sie sollen nicht nur von der Gesellschaft alimentiert werden, sondern auch ohne Leistungsanspruch aufwachsen. Die Linken sollten sich aber nicht zu früh freuen, kampflos werden wir ihnen das Feld nicht überlassen. Für uns gab es nämlich damals Siegerurkunden.

Die Flucht zum Arzt
Wie die grüne Ideologie dem Asylrecht schadet

Niemand wird ernsthaft bezweifeln, dass es eine humanitäre Pflicht ist, Menschen eine Zuflucht zu geben, die in ihrer Heimat Angst vor Verfolgung haben müssen. Dafür gibt es das Asylrecht. Allerdings machen sich besonders Listige dieses Recht zunutze, um einen unfairen Vorteil auf Kosten der Solidargemeinschaft für sich herauszuholen. Schlimmer noch: Ihre Zahl steigt offensichtlich, weil sich herumspricht, was Deutschland zu bieten hat. Und so rechnet man allein für Hessen mit 40.000 Asylbewerbern in diesem Jahr, von denen mehr als die Hälfte keinen Anspruch auf Asyl haben dürfte. Diese Menschen kommen nicht aus Syrien, dem Irak oder afrikanischen Staaten, die sie verlassen haben, um ihr Leben zu retten.

Sie stammen aus Ländern, die in Europa als sogenannte sichere Herkunftsländer gelten, deren Einwohner also in der EU keinen Asylantrag stellen können, weil ihnen in ihrer Heimat keine Verfolgung droht. Deutschland macht da eine Ausnahme: Zwar wurden angesichts der rasant steigenden Asylbewerberzahlen 2014 Serbien, Mazedonien und Bosnien zu „sicheren Herkunftsländern" erklärt, doch gelten auf Druck der Grünen Kosovo und Albanien nach wie vor nicht als sicher. Dadurch treffen inzwischen mehrheitlich Asylsuchende vom Balkan bei uns ein, die genau wissen, dass Asylverfahren in Deutschland monatelang dauern und dies raffiniert ausnutzen.

Was für die wirklich Verfolgten ein zermürbender Prozess zwischen Hoffen und Bangen ist, spielt jenen in die Karten, die bewusst Asyl beantragen, um die Vorteile des Systems für sich arbeiten zu lassen. Dazu gehört insbesondere das Recht auf eine kostenlose medizinische Behandlung während des Asylverfahrens – Zahnarzt inbegriffen. Eine Komplettierung des Impfschutzes, Röntgen und umfangreiche allgemeinmedizinische Untersuchungen sind ohnehin Standard für jeden Asylbewerber bei der Erstaufnahme. Leiter von Migrationsstellen beklagen einen regelrechten „Medizin-Tourismus" vom Balkan. Es wird gar von abgelehnten Asylbewerbern berichtet, die bereits den nächsten Arzttermin vereinbart haben und dazu erneut Asyl beantragen. Doch die Politik schaut weg, weil ihr das Eisen zu heiß ist.

Vollmundig hatte Hessens Sozialminister Stefan Grüttner in einer Regierungserklärung vor zwei Wochen angekündigt, man werde Asylbewerber vom Balkan nicht mehr auf die Städte und Gemeinden verteilen. Sie würden bis zur Ausreise im hessischen Erstaufnahmelager in Gießen bleiben und ihre Asylverfahren beschleunigt. Doch der CDU-Politiker hatte die Rechnung ohne die grüne Regierungspräsidentin Brigitte Lindscheid gemacht. Diese ist nämlich für die Verteilung der Ankömmlinge auf ganz Hessen zuständig und denkt nicht im Traum daran, den Ausgang der jeweiligen Asylverfahren abzuwarten. Sie verteilt munter weiter und interessiert sich nicht dafür, wie die Asyltouristen untergebracht werden sollen.

So müssen in kleinen Gemeinden Containerwohnungen errichtet und Turnhallen gesperrt werden, um Menschen unterzubringen, die zwar nicht bleiben können, in der Zwischenzeit jedoch Anspruch auf staatliche Leistungen und eine medizinische Komplettversorgung haben. Den Grünen sei Dank! Sie leben ungeniert ihre Ideologie auf Kosten der Gesellschaft aus, statt sich in der Bewertung der Balkanstaaten den europäischen Partnern anzuschließen. Dies lässt inzwischen selbst wohlmeinende Ehrenamtliche am Sinn ihres Engagements zweifeln und fügt dem Gemeinwohl beträchtlichen Schaden zu. Durch die grüne Ideologie verkommt das Asylrecht zunehmend zur Farce. Leidtragende sind die Traumatisierten aus Eritrea, Syrien und dem Irak.

„Ich bin doch nicht blöd"
Bleibt der Euro, dann scheitert Europa!

Er hat ausgesprochen, was viele Millionen denken. Respekt, Wolfgang Schäuble! Selten hat sich ein amtierender Spitzenpolitiker so deutlich dem gesunden Menschenverstand verschrieben wie der Bundesfinanzminister in diesen Tagen. Folgerichtig genießt Schäuble unter den deutschen Politikern derzeit das größte Ansehen. Dass einer, der etwas zu verlieren hat, aus dem politischen Lügengebäude ausbricht, passiert nicht oft. Normalerweise trauen sich das nur jene, die sich bereits aus der aktiven Politik verabschiedet haben. Einen fünfjährigen „Grexit" schlägt Deutschlands oberster Kassenhüter vor, nachdem Griechenlands Regierung ihren Geldgebern abermals ein wenig ambitioniertes Maßnahmenbündel vorgelegt hat.

Viel neues Geld soll nach Athen fließen. Manche sprechen inzwischen von 100 Milliarden Euro, obwohl der griechische Hilfsantrag nur von der Hälfte dieser Summe ausgeht. Doch selbst das ist schon ein gewaltiger Schluck aus der Pulle, der vor allem auf Kosten der europäischen Steuerzahler geht. Niemand glaubt ernsthaft, dass irgendein Euro, der den Weg nach Athen gefunden hat, je wiederkehrt. Ein absehbares drittes Hilfspaket sorgt daher inzwischen für gewaltiges Grummeln im völlig zerstrittenen Euro-Club. Und so fühlt sich Frankreichs Staatspräsident Francois Hollande nun berufen, die Zügel an sich zu reißen.

Frankreich macht sich vehement dafür stark, immer mehr Geld nach Griechenland umzuverteilen. Die französische Regierung hat den aktuellen Hilfsantrag der Griechen gar mit verfasst. Um das zu verstehen, muss man wissen, wie sehr Hollande unter dem Druck der Hardliner seiner sozialistischen Partei steht. Und natürlich weiß er, dass sein Land bei einer Zuspitzung des Euro-Debakels selbst auf die europäischen Finanzspritzen angewiesen sein könnte. Wie auch Italien, von wo aus Regierungschef Renzi lautstark gegen Schäubles Idee wettert. Es sind vor allem die beiden wankenden Südstaaten, die Athen zur Seite springen. Weniger Portugal und Spanien, gehören diese doch zu den Ländern, die ihre Staatsschuldenkrise zwar mit europäischer Finanzhilfe, aber vor allem mit schmerzhaften Reformen in den Griff bekommen haben.

Letzteres ist auch den Ländern in Osteuropa und im Baltikum gelungen, die nicht einsehen, warum mangelnder Wille belohnt werden soll. Zwar haben Griechenlands Bürger bereits einen hohen Preis bezahlt, doch was nutzt dies in einem Land ohne funktionierendes Staatswesen? Derlei Fragen stehen aber nicht mehr zur Debatte. Längst geht es um die Zukunft Europas, das wieder einmal zum Spielball der Weltmächte geworden ist, insbesondere der Amerikaner, die über den IWF kräftig mitmischen. Das enorme Interesse der USA am Euro-Verbleib der Griechen rührt von der Angst her, man könne seinen strategisch wichtigen Militärstützpunkt im Land verlieren und Griechenland unter russischen Einfluss geraten.

Nicht wirtschaftliche oder gesellschaftspolitische Fragen bestimmen das Handeln, sondern einfaches militärisches Kalkül. Der Euro ist zur Waffe mutiert. Und ganz nebenbei entfaltet er eine gefährliche Wirkung, die jener der Versailler Verträge von 1919 zunehmend ähnlicher wird. Nicht ohne Grund erhalten quer durch Europa Radikale aller Couleur Auftrieb. Der Euro ist eine der größten politischen Fehlentscheidungen der europäischen Geschichte. Je schneller sich die sogenannte politische Elite das Scheitern ihres Projekts eingesteht, umso besser für die Menschen auf dem Kontinent. Schäuble hat einen wichtigen Anstoß dazu geliefert. Es wird ein langer, dorniger Weg, aber wir werden ihn gehen müssen, um die Errungenschaften der letzten 70 Jahre zu verteidigen. Denn bleibt der Euro, dann scheitert Europa!

Krugman und Stiglitz
Primitiv-Keynesianismus als Kassenschlager

Das Euro-Debakel spaltet nicht nur Europa, sondern auch die Wissenschaft. Und als wäre es nicht schlimm genug, dass auch hierzulande mancher Ökonom fordert, immer mehr Geld in der Ägäis zu versenken, mischen sich von jenseits des Atlantiks zwei Herren ein, deren Großmäuligkeit inzwischen nicht mehr nur lästig, sondern im Tonfall geradezu unverschämt ist. Sie sind Nobelpreisträger und Bestseller-Autoren, doch nicht nur das verbindet Paul Krugman und Joseph Stiglitz. Vor allem eint sie ihre große Liebe zum Neo-Keynesianismus. Kernstück dieser Theorie ist, dass eine Volkswirtschaft angeblich floriert, wenn der Staat genug Geld unters Volk bringt, das umso mehr konsumiert, je mehr Geld es zur Verfügung hat.

Der Gedanke ist verblüffend einfach und klingt schlüssig, hat jedoch den Haken, dass das Geld auch irgendwo herkommen muss. Entweder muss also die Gelddruckerei Sonderschichten einlegen, oder es wird kräftig von oben nach unten verteilt. Wo immer das eine oder das andere versucht worden ist, endete dies in der völligen Überschuldung des Staates und einem miserablen Lebensstandard für die Bevölkerung. So sehr das von John Maynard Keynes entwickelte Denkmodell empirisch widerlegt ist, so hartnäckig halten sich romantische Umverteilungsphantasien ewig gestriger Alt-Sozialisten wie Krugman und Stiglitz.

Diese maßen sich mittlerweile einen Ton an, der sie als Wissenschaftler diskreditiert. Es verwundert schon, dass sich zwei derart hoch dekorierte Volkswirte so undifferenziert, parteiisch und unwissenschaftlich äußern – und dabei auch noch zahlreiche Anhänger finden. Die beiden Amerikaner greifen sich für ihre kruden Theorien aus der sogenannten nachfrageorientierten Wirtschaftspolitik nur jene Aspekte heraus, die sich besonders plakativ für ihre Angriffsrhetorik nutzen lassen. Seit einiger Zeit haben sie es dabei auf Deutschland abgesehen, was vielleicht auch mit ihrer familiären Vergangenheit zu tun hat. Krugmann und Stiglitz scheinen Deutschland geradezu zu hassen. Deutlich wird dies vor allem an Krugmans Äußerungen, wenn er Deutschland „Putsch-Absichten" in Griechenland unterstellt oder gar von „Machtergreifung" spricht.

Bewusst assoziiert er das politische Handeln der Bundesregierung mit dem Nationalsozialismus. Ins Bild passt da auch, dass er Kanzlerin, Finanzminister und Co., stets als „Führer" tituliert. Die Forderung der von Deutschlands Steuerzahlern gewählten Bundesregierung, Griechenland möge im Gegenzug für viel Geld doch bitte funktionsfähige staatliche Strukturen aufbauen, halten Krugman und Stiglitz für den Versuch, Europa zu zerstören. Statt dem restlichen Europa den eigenen Sparfetisch aufzuzwingen, müsse Deutschland hinnehmen, dass man anderswo eben lieber auf Pump lebe – und dies gefälligst bezahlen. Hier leben offenbar zwei alte Männer ihre Rachsucht aus, die den Zenit ihres Schaffens längst überschritten haben.

Nur vordergründig sind es volkswirtschaftliche Überlegungen, von denen sie sich leiten lassen. Ihre Hasstiraden sind in erster Linie ein politisches Statement: Deutschland soll nun endlich seine moralische Schuld aus der Zeit des Nationalsozialismus begleichen. Es wäre ehrlicher und dem ernsthaften volkswirtschaftlichen Diskurs dienlicher, wenn die ehemaligen Stars der Ökonomie ihre Motive offenlegten und sich nicht mehr mit dem Deckmantel der Volkswirtschaftslehre tarnten. Denn über moralische Fragen kann man in Ethik-Vorlesungen trefflich debattieren. Doch damit könnten Krugman und Stiglitz sicher nicht so viel Staub aufwirbeln – und vor allem viel weniger Bücher verkaufen.

Ganz schön uncool
Langenscheidts alternde Berufsjugendliche

Seit 2008 sucht der Langenscheidt-Verlag das „Jugendwort des Jahres" – und musste nun erstmals einen Vorschlag wegen Diskriminierungsvorwürfen zurückziehen. Da haben die mehr oder weniger kreativen Wortschöpfer aus München diesmal ganz schön tief ins Klo gegriffen: Ausgerechnet einen Teil ihrer werberelevanten Zielgruppe haben sie verprellt. Dabei wollten sie doch nur cool sein – oder vielmehr „bambus", wie der Teenie von heute sagt. Denn dieses Jugendwort scheint es tatsächlich zu geben. Bei vielen anderen Wortschöpfungen, mit denen uns Langenscheidt Jahr für Jahr überrascht, ist man sich da weniger sicher.

Das zeigt auch die Präferenz für die 30 Nominierungen in der Online-Abstimmung: 90% der Begriffe rangieren bei den Jugendlichen nämlich unter ferner liefen. Vermutlich, weil sie viele der Kreationen aus ihrem eigenen Sprachgebrauch gar nicht kennen. Immer wieder hat man das Gefühl, dass sich Langenscheidt beim Aufspüren von Jugendsprache nicht ganz so nah am Puls der Zeit bewegt, wie man gerne vorgibt. Denn selbst die zur Jahrtausendwende Geborenen scheinen mit „skyen" (verliebt sein), „gesichtspalmieren" (etwas extrem peinlich finden) und „threestaren" (etwas perfekt erledigen) nichts anfangen zu können – alle drei Begriffe liegen derzeit bei 0%. Ein Favorit hatte sich hingegen früh herauskristallisiert.

Doch der beliebte „Alpha-Kevin" musste nach nur wenigen Tagen klar auf Platz 1 liegend dem Shitstorm der deutschen Kevins weichen – und hat die Führung an „merkeln" (einfach nichts tun) abgetreten. Kleinlaut betont Langenscheidt, man spüre „die persönliche Betroffenheit" und habe nicht im Sinn gehabt, „konkrete Personen zu diskriminieren". Der Begriff steht nämlich synonym für den „Dümmsten von allen". Gerne ruft man sich da die im westfälischen Dialekt vorgetragenen Sketche in Erinnerung, bei denen neben Kevin eine gewisse „Schackeline" die Hauptrolle spielte. Doch die Witzchen hatten ihre Hochzeit bereits in den 1990er Jahren und sind damit nur der Generation „Ü30" überhaupt ein Begriff. Vermutlich sitzt aber gerade diese im Kreativ-Team der Münchner Verleger.

Kevin hat seine besten Tage ohnehin hinter sich: In der Hitliste der beliebtesten Vornamen lag er 2014 abgeschlagen auf Platz 177. Um das Jahr 2000 herum wurden hingegen viele Kevins geboren, was sicher ein Grund dafür ist, dass „Alpha-Kevin" den heute 15-Jährigen so bitter aufstößt. Dass sich jedoch Langenscheidt dem Druck der Straße beugt, ist mindestens ebenso zum „Gesichtspalmieren" wie die eigentliche Auswahl der vermeintlichen Jugendworte. Nun also ist der dumme Kevin Geschichte und die flaue Merkel Favorit. Aus dem Kanzleramt verlautete dazu bisher nichts, hätte doch auch Angela Merkel allen Grund, die Bezeichnung herabwürdigend zu finden.

Zwar haftet ihrem Stil zu Recht der Makel an, nicht wirklich zu regieren, sondern die jeweils neueste Umfrage für gelegentliche Stellungnahmen abzuwarten, doch will es etwas heißen, wenn der selbsternannte „Wörterbuchverlag Nr. 1" dies zur offiziellen Sprachregelung erklärt. Sei´s drum, der Jugend gefällt´s. Schon jetzt ist absehbar, dass „merkeln" am Ende wohl das Rennen machen wird. Und Langenscheidt hat sich einmal mehr für einige Zeit ins Gespräch gebracht. Einen Beigeschmack hat die Posse aber doch: Sie lenkt unseren Blick auf die seit Jahren von Medien und Politik gepflegte Empörungskultur. Der öffentliche „Pranger der Guten" gibt heute nicht nur jedem immer und überall das Recht, sich diskriminiert zu fühlen, sondern auch die Macht, Unternehmen und Gesellschaft nach seiner Pfeife tanzen zu lassen. Dieser Befund wiegt weit schwerer als die ausgedachten Albernheiten alternder Berufsjugendlicher.

Der Drehtüreffekt
Die Verlockung der Heimkehrprämie

Kaum etwas beschäftigt uns derzeit so sehr wie die Zuwanderungspolitik. Man hat den Eindruck, es gäbe nichts mehr zum gescheiterten Euro, zum Krieg in der Ukraine oder zum islamistischen Terror zu sagen. Dabei spielt es für die überwiegend grün-affinen Redakteure beim Thema Asyl keine Rolle, ob jemand einfach nur kommt, weil er hier ohne eigenes Zutun ordentlich leben kann, oder ob er zuhause tatsächlich um Leib und Leben fürchten muss. Umfragen zeigen jedoch, dass die Stimmung kippt. Die Menschen wissen sehr wohl zu unterscheiden zwischen denen, die in echter Not sind und unsere Hilfe benötigen, und jenen, die ausnutzen, dass Demokratie und Sozialstaat immer auch Schlupflöcher für Betrügereien bieten.

Doch wehe dem, der dies anspricht! In einer gigantischen Gehirnwäsche versuchen Medien und Politik, jede noch so vorsichtige Hinterfragung der Asylpolitik als dumpfe Fremdenfeindlichkeit zu brandmarken. Keine Nachrichtensendung kommt mehr ohne den erhobenen Zeigefinger aus, Wirtschaftsmagazine preisen die Segnungen der Zuwanderung und Redaktionen sind sich nicht zu schade, vorgefertigte Meldungen zu verbreiten, dass Asylbewerber landauf, landab gefundenes Geld artig abgegeben hätten. Recht unglaubwürdig, wenn dies plötzlich gehäuft passiert und mehrfach mit demselben Foto des angeblichen Finders illustriert wird.

Anders, als die Meinungsmacher uns tagtäglich einreden wollen, gibt es hierzulande nur wenige Unverbesserliche, die etwas gegen den Zuzug von Fremden haben. Diese sind mit erfundenen Zeitungsmeldungen ebenso wenig zu beeindrucken, wie mit moralischen Appellen. Der Rest stört sich hingegen an der aufdringlichen Medienkampagne, die allem Erlebten zuwiderläuft. Und immer deutlicher wird, dass die grüne Blockade-Politik beim Thema Asyl den Zusammenhalt in unserer Gesellschaft gefährdet. Die ehemalige Öko-Partei sorgt nämlich seit Jahren dafür, dass einige Balkanstaaten hierzulande immer noch nicht als „sicher" eingestuft werden. So können Mazedonier, Albaner und Kosovaren Asyl beantragen, was ihnen etwa in Frankreich oder Österreich verwehrt ist.

Nur deshalb explodieren aktuell hierzulande die Asylbewerberzahlen. Schlimmer noch: Obwohl bislang im Jahr 2015 nach rund 35.000 abschließend bearbeiteten Asylanträgen vom Balkan nicht einmal zehn (!) Personen ein Bleiberecht erhielten, hält beispielsweise in Hessen die zuständige grüne Regierungspräsidentin ihre Praxis aufrecht, die fast durchweg aussichtslosen Antragsteller aus den Sammelunterkünften auf die Städte und Gemeinden zu verteilen. Die finanziell und logistisch völlig überforderten Kommunen wissen sich nur noch mit drastischen Maßnahmen zu helfen: Schulturnhallen werden gesperrt, um Betten für Flüchtlinge aufzustellen, Container werden neben Einkaufszentren errichtet und selbst Zeltstädte vor Fußballstadien wie in Hamburg soll es bald geben.

Immer mehr Landräte und Bürgermeister überlegen, wie sie die „Gäste" vom Balkan wieder loswerden, bei denen sich immer stärker der Verdacht aufdrängt, dass sich der Asylantrag zum lukrativen Volkssport entwickelt. Den Vogel schießt dabei der südbadische Landkreis Lörrach ab: Dieser lobt nun Sonderprämien für jene Zuwanderer aus, die bereit sind, Deutschland wieder zu verlassen. Über mehr als 1.850 Euro darf sich eine dreiköpfige Familie aus Albanien freuen, wenn sie wieder geht. Doch keine Kontrolle verhindert, dass diese in einigen Wochen erneut einen Asylantrag stellt – oder beim nächsten Mal andere Familienangehörige schickt. Die südbadische Idee ist nicht neu. Seit Jahrzehnten versuchen Bund und Länder, Asylbewerber aus steuerfinanzierten Fördertöpfen zur Heimkehr zu bewegen. Ein weiteres Beispiel des politischen Wahnsinns. Soll unsere Gesellschaft nicht auseinanderbrechen, muss die Herrschaft der Gutmenschen rasch enden!

Reschkes Aufstand
Die Antwort eines Anständigen

Liebe Anja Reschke, wie viele Millionen andere habe ich Ihrem Tagesthemen-Kommentar gelauscht, in dem Sie zu einem „Aufstand der Anständigen" gegen Rassismus und Fremdenhass aufgerufen haben. Ich bin einer dieser Anständigen – und Ihr Kommentar hat mich tief enttäuscht. Nicht etwa, weil ich anderer Meinung wäre oder gar die rassistischen Tiraden und üblen Parolen Rechtsradikaler in den sozialen Netzwerken gutheißen würde. Ich bin enttäuscht, weil Sie keinen neuen Diskussionsbeitrag zu liefern vermochten und eine Chance verspielt haben. Sie wurden von Ihren Kollegen für Ihren Mut gelobt. Doch was ist mutig daran, auszusprechen, was fast jeder denkt?

Wie mutig ist es, einigen Unverbesserlichen aus dem TV-Studio heraus die Leviten zu lesen? Nein, mutig war das nicht. Sie haben in drastischen Worten Selbstverständliches gesagt. Ebenso gut hätten Sie dazu aufrufen können, mehr zu trinken, weil dies gesund ist. Und es wäre ebenso wenig mutig gewesen. Ich stimme Ihnen zu, dass es unerträglich ist, wenn Menschen Asylbewerberheime in Brand stecken. Und oft kann ich gar nicht fassen, was ich in den sozialen Medien lese. Doch, liebe Frau Reschke, ich habe bei Ihnen und vielen Ihrer Kollegen häufig den Eindruck, dass Sie dem Auswuchs rechtsradikaler Gesinnungen deutlich mehr Raum und Gewicht geben als dem allgegenwärtigen linken Extremismus.

Hierin lag die Chance, die Sie am Mittwochabend ungenutzt ließen. Sie hätten so viel mehr Mut bewiesen, wenn Sie sich vor einem Millionenpublikum dazu bekannt hätten, dass auch jede religiöse Abschottung und ebenso jede von links motivierte Gewalt von den Anständigen unserer Gesellschaft nicht länger hingenommen werden kann. Dass alles, was sich radikal artikuliert und verhält, von der großen schweigenden Mehrheit nicht weiter toleriert werden darf. Die vielschichtige Frage des Umgangs mit den Zuwanderern eröffnet die Möglichkeit, endlich einmal nicht mehr zu relativieren. Ganz gleich, ob es um die Exzesse radikaler Linker, ausländerfeindliche Parolen Rechtsextremer oder die Ausgrenzung Andersgläubiger durch fundamentalistische Muslime geht.

Sie hatten die Chance, Ihrem Statement Kraft und Gewicht zu geben, es zu einem Appell zu machen, der mehr gewesen wäre als bloße Effekthascherei und das Betteln um Applaus. Es wäre wohltuend und für die Glaubwürdigkeit Ihres Berufsstands ein Meilenstein, wenn sich die Anja Reschkes der TV-Welt einmal in ebenso klaren Worten den vielen Hunderttausend Linksextremisten in unserem Land entgegenstellen und zu einem „Aufstand der Anständigen" aufrufen würden. So aber bleibt der fade Beigeschmack, dass Sie und Ihre Kollegen immer nur dann lautstark die Stimme erheben, wenn die Gefahr von rechts kommt. Es war richtig von Ihnen, die rechtsextremen Pöbeleien zu verurteilen, die sich täglich auf Facebook & Co. abspielen.

Doch vielleicht nehmen Sie sich auch einmal die linksextremen Schmierfinken vor. Sollten Sie noch nicht davon gehört haben, sei Ihnen gesagt, dass diese mehrmals im Jahr ganze Stadtviertel anzünden, Jagd auf Polizisten, machen, Eigentum zerstören und es zwar nicht auf einige Tausend Einwanderer abgesehen haben, dafür aber auf die vielen Millionen Bürger unserer Gesellschaft, die sich außerhalb der Milieus der Antifa bewegen. Sie würden mit einem klaren Bekenntnis gegen den Linksextremismus möglicherweise weniger Applaus ernten, aber dem ramponierten Image des Journalismus dafür einen großen Dienst erweisen. Vielleicht werden Sie dann sogar zu der Heldin, zu der man Sie jetzt schon voreilig machen wollte. Nur Mut, liebe Frau Reschke!

Der grüne Wunschtraum
Wind und Sonne, Luft und Liebe

Der Atomkraft haben sie hierzulande bereits den Garaus gemacht. Doch Umweltaktivisten kann man es eben nicht recht machen. Am Wochenende mussten mehr als 1.000 Polizisten ihren Kopf in einer Kohlegrube hinhalten, um die zu allem entschlossenen „Klimakämpfer" zu bändigen. Mitten im Rheinland, zwischen Mönchengladbach, Grevenbroich und Erkelenz, liegt der Tagebau Garzweiler. Dort wird seit über 30 Jahren Braunkohle gefördert. Jahrzehntelang haben die Genossen der SPD verhindert, dass die umweltschädlichste Möglichkeit der Energiegewinnung ein Ende hat. Und lange haben die Grünen dabei zugesehen, wollte man die einzige Machtoption doch nicht aufs Spiel setzen, indem man den ideologischen Verbündeten verprellte.

Als dann endlich kein politisches Lager das Gejammer über verlorene Arbeitsplätze mehr hören wollte und ein Kohlekraftwerk nach dem anderen dran glauben musste, ereignete sich im fernen Japan eine Naturkatastrophe. Die deutsche Politik schaffte in einer irrationalen Panikreaktion über Nacht die verlässlichste Energiequelle ab – und sorgte wegen fehlender Alternativen für eine Renaissance der Kohledreckschleudern. Dies rief nun die Aktivisten von „Ende Gelände!" auf den Plan. Sie wehren sich gegen den Braunkohleabbau, der ganze Landschaftsareale verschandelt und extrem gesundheitsschädlich ist.

An sich nicht schlecht, wäre da nicht die grüne Doppelmoral. Das Aktionsbündnis ist nämlich ein Zusammenschluss vieler Organisationen, zu denen auch eine Reihe sogenannter Anti-Atom-Bündnisse gehören. Diese haben mit ihrer Hysterie damals einen erheblichen Beitrag dazu geleistet, dass die um ihre Wiederwahl besorgte Berufspolitik im März 2011 unmittelbar vor wichtigen Landtagswahlen das Licht in Deutschlands Atommeilern ausknipste. Dieselben Aktivisten, die damals den Grundstein dafür gelegt haben, dass es keine wirkliche Alternative mehr gibt, beschweren sich nun darüber, dass die Stromerzeugung vorrangig aus Braunkohle erfolgt. Von besonderer Klugheit zeugt dies nicht.

Natürlich führen die Aktivisten stets ins Feld, das Problem liege ganz woanders. Wären wir nur entschlossener, könnte der Strom bereits zu großen Teilen aus Wind- und Sonnenenergie kommen. Obwohl auch diese Mär längst widerlegt ist, sind die Umwelt-Schützer" bereit, riesige Waldflächen für ihre Windparks zu roden – und verhindern gleichzeitig die nötigen Stromtrassen und Speicher-Stauseen. Dass es in Garzweiler – wie eigentlich immer bei Umweltprotesten – mal wieder nicht ohne Gewalt und Verletzte ablief, ist eine Randnotiz, die nur noch Schulterzucken hervorruft. Fast musste man angesichts der Teilnehmer damit rechnen. Zu „Ende Gelände!" gehören nämlich auch anarchistische und linksradikale Organisationen, wobei die Grenzen zwischen grünem und linkem Extremismus ohnehin fließend verlaufen.

Auch die Linksjugend und die Grüne Jugend mischen kräftig mit – stets ein Garant für einen ausführlichen Polizeibericht. Am Ende wird die Aktion in einigen Anzeigen münden: Hausfriedensbruch, Sachbeschädigung oder Widerstand gegen Vollstreckungsbeamte. Mancher Teilnehmer wird tief befriedigt vom Abenteuerwochenende heimkehren, an dem er mal wieder etwas erlebt hat. Doch viel mehr, als sie ahnen, haben die Protestler in Garzweiler vielleicht dafür gesorgt, dass mehr Menschen erkennen, wie fatal der Ausstieg aus der Atomkraft war. Allen (ohnehin fragwürdigen) Klimazielen zuwiderlaufend, hat die deutsche Politik vor vier Jahren einen Teufelskreis in Gang gesetzt, den sie nun nicht mehr zu beenden weiß. Ein Blick nach Japan könnte helfen: Dort setzt man weiterhin auf die Atomkraft – solange, bis es gleichwertige Alternativen gibt.

Das Faschismus-Comeback
Meinungskontrolle und Medienzensur

Deutschlands Medien befinden sich auf einem gefährlichen Pfad. In ihrem unbändigen Drang, bestimmte Denk- und Verhaltensmuster zu propagieren, hat sich die überwiegende Zahl der Journalisten in eine Sackgasse begeben. Nur noch absolut unverfängliches Vokabular gestattet sich die Zunft. Nicht mehr in erster Linie der Wahrhaftigkeit und Sorgfalt fühlen sich die Redaktionen verpflichtet, wie es der seit 1973 bestehende „Pressekodex" fordert. Heute gilt es vor allem, keinem zu nahe zu treten und keine religiösen oder weltanschaulichen Gefühle zu verletzen. Da darf die Wahrheit dann auch gerne mal auf der Strecke bleiben.

Die selbst auferlegte politische Überkorrektheit führt zwangsläufig zu einer immer uniformeren Berichterstattung zulasten der Meinungsvielfalt. Fast erinnern viele Meldungen inzwischen an das Arbeitszeugnis, aus dem man erst nach einiger Übung das Wesentliche zwischen den Zeilen herauszulesen vermag. Und die vom Presserat ausgegebene Selbstverpflichtung wird in vorauseilendem Gehorsam nicht selten übererfüllt. Ein regelrechter Wettbewerb der Political Correctness ist auf diese Weise entbrannt, wodurch sich die Gutmenschen der Redaktionsstuben ihr eigenes mediales Grab schaufeln. Doch nicht nur Presse-, Rundfunk- und Fernsehrat (also vor allem Politiker) beschneiden die Pressefreiheit.

Auch von vielen anderen Seiten erfolgt eine regelrechte Medienzensur. Was noch vor wenigen Jahren undenkbar erschien, ist heute bittere Realität. Da reicht etwa der Wutbrief irgendeiner Frauenvereinigung, um eine missliebige Sendung aus dem Senderarchiv zu verbannen. So geschehen in dieser Woche. Eine vor einem Dreivierteljahr ausgestrahlte „Hart, aber fair"-Sendung, in der sich Diskussionsteilnehmer kritisch zum Genderwahn äußerten, löschten die Verantwortlichen aus der Mediathek. Nur gut, dass es Youtube & Co. gibt, so, dass das digitale Gedächtnis nicht vollends umprogrammiert werden kann. Schwerer noch wiegt die Entscheidung der Redaktion von „Aktenzeichen XY", aufgrund der „aktuellen Stimmungslage" einen Fahndungsaufruf nicht auszustrahlen, da der gesuchte Vergewaltiger zufällig dunkelhäutig ist.

Man wolle „kein Öl ins Feuer gießen und keine schlechte Stimmung befördern", so die Chefredakteurin. Dass damit aber genau das Gegenteil erreicht wird, kam der besorgten Dame nicht in den Sinn. Es fällt schwer, sich zu entscheiden, welcher der beiden Zensurvorgänge dieser Woche unglaublicher und ungehöriger ist. Denn einerseits spricht das unbeholfene Bemühen, nicht zu diskriminieren, dem Zuschauer jegliche Mündigkeit ab, andererseits erweist man jenen einen Bärendienst, die man durch den vermeintlichen Schutzauftrag überhaupt erst in den Fokus der Diskussion rückt. Wenn eine Demokratie in dem Irrglauben lebt, sich nicht mehr anders zu helfen zu wissen, muss sie sich dringend grundlegend erneuern.

Zu verantworten haben dies die selbsterklärten Hüter des Antirassismus, die über Jahre hinweg die Schlinge der Zensur immer enger um den Hals der Meinungsfreiheit gelegt haben. Zwar ruderte die „XY"-Redaktion nach wütenden Zuschauerprotesten noch am Freitag zurück und strahlt den Beitrag nunmehr am 2. September aus, doch der Schaden ist angerichtet. Wieder ist ein Stück Vertrauen in die Unabhängigkeit und Glaubwürdigkeit der Medien verloren gegangen. Als wäre dies nicht genug, setzte das ZDF mit einer peinlichen Stellungnahme noch eins drauf: Man verstehe die Aufregung nicht, denn „Hautfarbe und andere Persönlichkeitsmerkmale eines mutmaßlichen Täters" spielten bei der Entscheidung über eine Ausstrahlung keine Rolle. Soso. Wer seine Zuschauer nicht nur für rassistisch, sondern auch noch für dumm hält, verdient die Höchststrafe – umschalten!

Marmor, Stein und Eisen bricht
Aber unser Staatsfunk nicht!

Die öffentlich-rechtlichen TV-Programme sind zu Spartensendern geschrumpft. Monothematisch geht es heute nur noch darum, bestimmte Denk- und Verhaltensmuster in die Köpfe der Zwangsfinanzierer vor dem Bildschirm zu hämmern. Während der Nachrichtensendungen ebenso, wie in Reportagen, in Krimis oder im scheinbar unverfänglichen Frühstücks-Plausch. Dabei verstehen ARD und ZDF ihren Bildungsauftrag längst als Erziehungsauftrag. Für den brauchen sie wieder einmal mehr Geld. Der inzwischen „Beitragsservice" genannte Konzern, der dem zahlenden Zuschauer paradoxerweise gar keinen Service anbietet, muss in den nächsten Jahren bis zu zwei Milliarden Euro mehr ranschaffen.

Mit Zusatzinvestitionen in noch mehr Propaganda sollen offenbar Millionen nicht gefügiger Schäfchen zur Räson gebracht werden. Doch das stößt auf erheblichen Widerstand. Viele sehen nicht mehr ein, warum sie für die täglich verordnete Gehirnwäsche überhaupt noch bezahlen sollen. Denn an Geld mangelt es nicht. Seit der Umstellung von der Rundfunkgebühr auf die sogenannte Haushaltsabgabe im Jahr 2013 fließt pro Jahr fast eine halbe Milliarde Euro zusätzlich in die Kassen der öffentlich-rechtlichen Fernsehanstalten. Der Haken: Die Mehrerträge liegen auf einem Sperrkonto. Und das wollen die gierigen Senderbosse nun knacken.

ARD-Chef Lutz Marmor will sogar noch mehr. Da ihm auch die Milliardenspritze vom Sperrkonto nicht genügt, sollen pro Jahr noch einmal 100 Millionen vom Beitragszahler her. Der ist nicht nur ein leichtes, wehrloses Opfer, an dem sich ARD und ZDF vergehen, so oft sie wollen. Er ist nach Meinung der Sender auch latent unsolidarisch. Neuzeitlich wird gerne an das schlechte Gewissen appelliert, doch auch vor härteren Bandagen schreckte man nie zurück. Jahrzehntelang drohte uns die ehemals im zackigen Stakkato als GEZ daherkommende Inkassofirma in martialischen Werbespots. Angst gemacht wurde uns da auch schon einmal von einem mit ausländischem Akzent sprechenden Jugendlichen. Heute würde dies weite Teile der Anti-Diskriminierungsfront mit Atemlähmung und Herzstillstand dahinraffen.

Die Ex-GEZ muss allerdings längst nicht mehr drohen, werben oder appellieren. Mit der „Haushaltsabgabe" hat sie sich ein sprudelndes Perpetuum Mobile geschaffen. Doch wie in allen zwangsfinanzierten Systemen reicht auch bei den öffentlich-rechtlichen Sendern das Geld nie aus. Mehreinnahmen führen stets zu nur noch größeren Mehrausgaben – ein aus der Finanzierung des Staatswesens hinreichend bekannter Automatismus. Der Vorstoß des ARD-Vorsitzenden ist ungehörig, weil die Milliarden auf dem Sperrkonto den Sendern gar nicht für die Programmfinanzierung zustehen. Er ist aber vor allem instinktlos. Schlechter hätte das Timing der gierigen Wortmeldung nicht sein können.

Gerade erst wollte der Aufschrei über die jüngsten Zensurbemühungen von ARD und ZDF ein wenig abebben, da bringen sich die Milliardenverschwender um das letzte bisschen Verständnis. Der sich wie seine private Konkurrenz auch werbefinanzierende Staatsfunk gerät unter immer größeren Rechtfertigungsdruck. Mit dem Programmauftrag lässt sich heute kaum mehr argumentieren. Denn ARD und ZDF unterscheiden sich von den führenden Privatsendern nur noch dadurch, dass ab und an über eine Randsportart berichtet und sonntags mal ein Gottesdienst übertragen wird. Gerade hat die RTL-Gruppe (RTL, Vox, n-tv) erstklassige Zahlen vorgelegt und einmal mehr bewiesen, dass Fernsehsender keinesfalls defizitär arbeiten müssen. Der Marktführer der „Privaten" verfügt über drei Milliarden Euro an Werbeeinnahmen pro Jahr, ein Drittel dessen, was ARD und ZDF von uns Beitragszahlern einstreichen. Wehren wir uns. Eine Demokratie braucht keinen Staatsfunk – schon gar keinen zwangsfinanzierten.

Trotz aller Tragödien
Auswanderer sind keine Flüchtlinge

Wenn ein Kind stirbt, ist dies immer eine Tragödie. Vor allem für die Eltern. Das Bild eines toten Kindes macht betroffen, traurig und wütend. Aus gutem Grund gilt das ungeschriebene Gesetz, dass die Redaktionen der Fernsehsender Zuschauern Bilder von sterbenden oder getöteten Menschen nicht zumuten. Schon gar nicht, wenn es sich dabei um kleine Kinder handelt. Doch von dieser Selbstverpflichtung wollten viele Medienverantwortliche in dieser Woche nichts mehr wissen. Zu gut passte das Foto eines toten kurdischen Jungen am Strand ihnen ins Konzept.

Zwar wurden die Berichte, die mit dem unerträglichen Bild des toten Aylan aufmachten, mit belegter Stimme und traurigen Kulleraugen anmoderiert, doch ändert dies nichts an der Tatsache, dass mit Kalkül vorgegangen wurde. Der Fotografin, die das Foto schoss, mag man noch hehre Absichten unterstellen, als sie ihren furchtbaren Schnappschuss an die großen Presseagenturen verkaufte. Sie habe den Schrei des toten Jungen hörbar machen wollen. Was allerdings dann folgte, war obszön. Skrupellos schlachteten deutsche und europäische Medien die Szene für ihre Propaganda aus. Der offensichtliche Missbrauch des Todes eines Kindes ist der vorläufige Tiefpunkt in der Berichterstattung zum allbeherrschende Thema dieses Jahres.

Endlich konnte man dem Flüchtlingsdebakel ein Gesicht geben, dessen Wirkung so mancher Medienschaffende selbstzufrieden mit der des von Napalm-Verbrennungen gezeichneten Mädchens im Vietnamkrieg verglich. Dieses wurde damals das Pressefoto des Jahres 1972. Ganz sicher wird auch dem Foto des toten Aylan diese „Ehre" zuteil. Selbstverliebt scheint es der Branche einmal mehr lediglich darum zu gehen, maximale Aufmerksamkeit zu erzielen. Und vor allem darum, die Asyl- und Flüchtlingspolitik vollends von der sachlichen auf die emotionale Ebene zu befördern, um damit auch die letzten Diskussionen zu ersticken, die so dringend notwendig wären. Dafür war man sich auch nicht zu schade, rund um die schreckliche Tragödie eine anrührende Flüchtlingsgeschichte zu konstruieren, die es so nicht gab.

Natürlich wurde der kleine Aylan wie auch sein nur wenig älterer Bruder und die Mutter Opfer der von Schleppern organisierten Überfahrt nach Griechenland. Diesen Teil der Geschichte erzählte man uns gerne. Doch unisono verschwiegen die deutschen Medien zunächst, dass die kurdische Familie zuvor bereits drei Jahre lang in der Türkei gelebt hatte, nachdem sie 2012 aus Syrien gekommen war. Sie waren also einmal Flüchtlinge – vor drei Jahren. Diesmal wollten sie auswandern. Unter dem Erdogan-Regime ist das Leben für Kurden in der Türkei ganz sicher nicht angenehm. Eine Flucht aus Sorge um Leib und Leben war die Bootsfahrt zur Insel Kos allerdings keinesfalls.

Die kurdische Familie hoffte auf diese Weise, irgendwie zur Schwester des Vaters nach Kanada weiterreisen zu können, um dort auch materiell besser zu leben. Stattdessen wurde dem Zuschauer der Eindruck vermittelt, hier seien vier Flüchtlinge mit letzter Kraft dem syrischen Terror entkommen und dabei tragisch verunglückt. Dies ist eine brandgefährliche Strategie: Mit ihrer Desinformationspolitik stärken die deutschen Medien die radikalen Ränder der Gesellschaft. Ich finde es darüber hinaus jedoch unerträglich, dass von Schlepperbanden angeworbene Auswanderer auf eine Stufe mit Menschen wie meinem Vater gestellt werden, der über Nacht aus dem Iran vor einem grausamen Regime flüchten musste, weil er die „falsche" Religion hatte. Mein Vater floh zu Fuß über die Berge bis nach Pakistan, ohne zu wissen, was ihm dort drohte. Bootsreisende, die sich in der Hoffnung auf ein besseres Leben in die Hände der Schlepper-Mafia begeben und sich irgendwo in Europa absetzen lassen, sind keine Flüchtlinge. Daran ändert auch die furchtbare Tragödie von Bodrum nichts.

„Auf der Flucht"
Das Propagandafest der grenzenlosen Peinlichkeiten

Es war ein Abend zum Fremdschämen. Ein Griff ins Klo mit Ansage. Die als große Spendengala angekündigte ZDF-Sendung „Auf der Flucht" darf getrost als größte mediale Fehlleistung des Jahres gewertet werden. Gerade einmal gut zwei Millionen Zuschauer taten sich die gefühlsduselige Promischau an, die nichts zu bieten hatte – nicht einmal Unterhaltung. Der große Rest nahm das ZDF-Motto wörtlich und floh am Donnerstagabend zu anderen Sendern. Große Gefühle sollten die Herzen und Portemonnaies der Menschen öffnen. Dafür konnte beim Flüchtlingsjubel der Prominenten nicht dick genug aufgetragen werden.

Moderiert wurde der zweistündige Hurra-Ruf auf die deutsche Willkommenskultur von Johannes B. Kerner – stets ein Garant für zielgruppenübergreifendes Kuschelfernsehen. Er sollte für den Höhepunkt der öffentlich-rechtlichen Flüchtlingseuphorie sorgen. Doch das Publikum spielt nicht mehr mit. Ein Großteil der Zuschauer bekommt die ölige Willkommenssauce nicht mehr runter. Die wochenlange mediale Dauerbeschallung zeigt Wirkung. Allerdings nicht die, die man sich in den Rundfunkräten der öffentlich-rechtlichen Anstalten erhofft hatte. Die völlig überdrehte Mainzer Propagandamaschine stößt längst auch den wohlmeinendsten Zeitgenossen übel auf.

Das dümmlich-naive Hosianna-Gebrüll, mit dem uns die Sender seit Wochen quälen, geht vielen Menschen inzwischen mächtig auf die Nerven. Sie spüren, dass ihnen eine Scheinwelt vorgegaukelt wird, während die Politik die Kontrolle über die Situation verloren hat. Zwar redete man sich die Dinge im freitäglichen Polit-Barometer des ZDF noch schön, doch sprechen sich mehr als drei Viertel der Bürger inzwischen für Sachleistungen statt Geld an Asylbewerber aus und verlangen eine Ausweitung der „sicheren Herkunftsländer", um den Zustrom jener zu stoppen, die ohne jede Chance auf Asyl ins engmaschige deutsche Sozialnetz schlüpfen wollen. Auch haben viele Menschen mittlerweile erkannt, dass das Asylrecht zur Farce verkommt, wenn am Ende doch fast jeder abgelehnte Antragsteller hier bleibt.

Dem ZDF ist das egal. Es kann nicht sein, was nicht sein darf. Und so werden die steigenden Zahlen der Zuwanderer weiter bejubelt – und die damit verbundenen Probleme konsequent ausgeblendet. In der deutschen Medienwelt spielt die Nachrichtenredaktion des ZDF heute jene unrühmliche Rolle, die die Grünen in der Politik innehaben. Die systematische Verzerrung der Wirklichkeit soll eine ausreichende Unterstützung für irrwitzigste ideologische Vorhaben sicherstellen. Begleitet wird dies von Dauer-Appellen an das schlechte Gewissen. Dabei verbittet man sich jegliche Kritik, die stets damit erstickt wird, dass abweichende Ansichten grundsätzlich als „rechts" diffamiert werden.

Und am liebsten vermeidet man sachliche Informationen, weil diese dem Ziel der Agitation zuwiderlaufen würden. Das Institut für empirische Medienforschung stellte gerade erst fest, dass der Anteil der Politikberichterstattung in den „heute"-Sendungen im August bei nur noch gut einem Drittel lag. Der Rest war pure Flüchtlingseuphorie. Zwar geben einer Forsa-Umfrage zufolge fast die Hälfte der Befragten an, die deutschen TV-Nachrichten seien ihnen zu problembeladen, doch ist dies keine Rechtfertigung dafür, in den Nachrichtensendungen weitgehend auf Nachrichten zu verzichten. Die Medienverantwortlichen machen sich zu Totengräbern der Demokratie, wenn sie nicht endlich aufhören, die Zuschauer zu täuschen und das Fernsehen als ideologische Umerziehungsanstalt zu missbrauchen. Denn die Menschen sind nicht blöd. Immer mehr Bürger erkennen, dass sie schlecht regiert und einseitig informiert werden – egal, wie freundlich ihnen der nette Herr Kerner, die couragierte Frau Slomka oder der staatsmännische Herr Kleber die tägliche Propaganda servieren.

Die Staatskrise
Berliner Drohgebärden als Dokument des Scheiterns

„Wir schaffen das!" – Mit dieser unvorstellbaren Fehleinschätzung hat Angela Merkel dem Vertrauen in die Demokratie schweren Schaden zugefügt. Und das nicht zum ersten Mal. Als es „nur" um den Euro ging, waren viele Deutsche noch nachsichtig mit ihrer Kanzlerin. Sie musste es ja wissen, man selbst versteht eben von den Dingen nichts. Damals kam Merkel beim Publikum noch davon mit dem Unsinn von der „Alternativlosigkeit". Doch nun geht es um mehr. Um viel mehr. Es geht um den Frieden in Europa. Merkels Politik ist zur echten Gefahr geworden. Im Spätherbst ihrer Kanzlerschaft stellt man ernüchtert fest, dass alle großen Entscheidungen ihrer Amtszeit der europäischen Idee geschadet haben.

Durch ihre Euro-, Ukraine- und Zuwanderungspolitik hat Merkel Europa in die tiefste Krise seit dem II. Weltkrieg gestürzt. Und Deutschland gespalten. Dabei scheint sie sich inzwischen in die Vorstellung verrannt zu haben, es sei das Beste für das Land, wenn sie an allen Gremien vorbeiregiere und auch die anderen Staatsämter gleich mit übernähme. Daran hat auch eine willfährige Presse Schuld. Mit fatalen Folgen: Wer seine Politik nur noch an der veröffentlichten Meinung ausrichtet und jede Wirklichkeit ausblendet, muss scheitern. Ob nun Naivität oder Kalkül, fest steht, dass die deutsche Kanzlerin „ihr" Land vor eine unlösbare Aufgabe gestellt hat.

Dafür genügte die leichtfertig ausgesprochene Einladung an sämtliche Auswanderungswilligen in der Welt, begleitet von „Werbe-Selfies", die ihren Weg via Internet in Windeseile bis in den hintersten Winkel unseres Erdballs fanden. Doch das Märchen von der „Willkommenskultur" ließ sich nicht mehr länger erzählen – der Bundesinnenminister zog die Notbremse. Plötzlich stimmte selbst die Journaille ihre Jubelarie eher verhalten an. Erstaunlich, dass mancher Presse-Wendehals auf einmal Klartext reden kann. Nachdem es ihnen nicht gelungen war, ihre wochenlange Propaganda in die Köpfe der Bevölkerung zu hämmern, schlagen sich einige Journalisten nun auf die Seite der Wahrheit, wohl auch aus Angst, die Menschen könnten sie sich ob ihrer Lügen irgendwann vorknöpfen.

Erfolglos hatten Medien und Politik alle zum Nazi stempeln wollen, die sich der Flüchtlingseuphorie nicht anschließen mochten. Wer öffentlich Kritik übte oder einfach nur fragte, warum die Bundeskanzlerin mal eben so am Wahlvolk vorbei ein „Neues Deutschland" ausrufen könne, kam auf die Liste. Vor allem auf die des Bundesjustizministers. Dem stoßen die sozialen Netzwerke auf. Heiko Maas zitierte daher die deutschen Facebook-Chefs zu sich, die ihm hoch und heilig versprechen mussten, „rechte Hetze" zu entfernen. Dabei ist ihm egal, ob strafbares Handeln vorliegt oder nicht. Maas will die Bürger „dazu erziehen, dass diese ihre Gedankengänge" in die vom Staat gewünschte Richtung „projizieren".

Meinungsfreiheit gilt also im Jahr 2015 nicht mehr für alle. Für einige wird sie dafür umso großzügiger ausgelegt: Die in Facebook weit verbreitete islamistische Hetze oder die Schmierereien linker Extremisten scheren den Bundesjustizminister offenbar nicht. Sein Auftreten passt zum jämmerlichen Bild, das die Bundesregierung abgibt: Immer wieder verfassungswidrige Gesetze, ideologisches Stückwerk und der beständige Eindruck totaler Überforderung sind die Bilanz zur Mitte der Legislaturperiode. Eine weltfremde Zuwanderungspolitik hat Deutschland nun in eine Staatskrise gestürzt. Dass man diese glaubt lösen zu können, indem man nach der eigenen Bevölkerung auch die europäischen Nachbarn verunglimpft, bedroht und diffamiert, lässt böse Erinnerungen wach werden. Solidarisieren wir uns mit jenen, die die europäische Ordnung tapfer verteidigen, bevor eine deutsche Regierung Europa ein weiteres Mal ins Verderben stürzt!

Die Akte „Naruto"
Ein Affe als Geisel militanter Tierschützer

Vielen Organisationen, die behaupten, sich für das Gute einzusetzen, haftet ein erheblicher Makel an: Das sektengleiche Auftreten, mit dem sie ihr Anliegen zur Religion erheben, führt ihr Engagement häufig ad absurdum. Die Tierrechtsorganisation Peta macht da keine Ausnahme. Immer wieder erntet sie Kopfschütteln und Gelächter für ihre schrillen Forderungen, die man gerne ignoriert, weil sie scheinbar keinen Schaden anrichten. Doch der jüngste Vorstoß der militanten Tierschutzaktivisten könnte zumindest für den britischen Fotografen David Slater Ungemach bedeuten.

Dieser hatte 2011 einem indonesischen Schopfmakaken-Affen ziemlich unfreiwillig seine Kamera überlassen, der daraufhin zwei Schnappschüsse von sich machte. Die „Selfies" des neugierigen Regenwaldbewohners namens Naruto waren in den sozialen Netzwerken seinerzeit ausgesprochen beliebt – durchaus kein Vorteil für Slater, der wie jeder professionelle Fotograf davon lebt, seine Fotos zu verkaufen. Und als die unerbittlichen Tieranwälte vor einem Jahr eine Diskussion darüber vom Zaun brachen, wem wohl die Rechte am Selbstbildnis des Affen gehörten, musste Slater tatenlos zusehen, wie sich sein Werk im Rahmen der Berichterstattung kostenlos in aller Welt verbreitete. Die amerikanische Copyright-Behörde tat ihr Übriges dazu.

Sie stellte damals fest, dass einem Fotografen kein Urheberrecht an einem Bild zusteht, das zwar mit seiner Kamera, aber eben von einem Affen geknipst worden ist. Der bedauernswerte Brite machte aus der Not eine Tugend und verkaufte Kopien der Fotos, um zumindest einen Teil seiner Kosten zu bestreiten. Immerhin 1,70 US-Dollar pro Bild spendete er dabei an ein Projekt, das sich für Makaken in Indonesien einsetzt. Doch das rührte die Peta-Aktivisten nicht. Als selbsterklärter „Next Friend" des ahnungslosen Tieres reichten sie nun bei einem Bundesgericht in San Francisco Klage gegen Slater ein. Und natürlich auch gegen dessen Verlag, um sicher zu sein, dass etwas zu holen ist. Denn am Ende geht es natürlich ums Geld. Peta möchte die Einnahmen aus den Bildverkäufen einstreichen.

Offiziell will man einem „nicht-menschlichen Tier" (!) dazu verhelfen, Urheber und Eigentümer seines Fotos zu werden, um ein neues Kapitel in der „moralischen Evolution der Menschheit" aufzuschlagen. Zur Freude entrückter Tierfreunde, die schon lange davon träumen, Hund Waldi ihr Vermögen vererben oder Schaf Dolly heiraten zu können. Die nach rund drei Millionen Mitglieder zählenden Tierrechtler gebärden sich, als sprächen sie für die Mehrheit der Weltbevölkerung. Es ist dieses Selbstverständnis, das Nichtregierungsorganisationen (NGOs) wie Peta gefährlich macht. Als „Gemeinnützige" werden sie übrigens staatlich gefördert, nicht nur durch direkte Zuflüsse, sondern auch eine weitgehende Steuerbefreiung.

Es ist längst an der Zeit, dies in Frage zu stellen. Wenn Staaten aus falsch verstandener Verpflichtung weltweite Wirtschaftskonglomerate zu einem erheblichen Teil mitfinanzieren, muss deren Rolle viel kritischer beleuchtet werden. Dies umso mehr, als die großen NGOs dieser Welt inzwischen längst zu Schattenregierungen aufgestiegen sind, die enormen Einfluss auf gesetzgeberische Verfahren nehmen. Und so sehr sie sich den Anstrich des Guten geben, sind die organisierten „Wohltäter" doch ebenso aggressive Lobbyisten wie ihre Pendants aus der Finanz-, Pharma- und Automobilbranche. Anders als ihre Industriekollegen, geben sie sich jedoch nicht mit Macht und Geld zufrieden. Sie wollen uns in erster Linie umerziehen. Dafür nehmen angebliche Tierschützer auch gerne mal einen wehrlosen Affen als Geisel. Alles für den guten Zweck.

Obama, EU und Merkel
Der Friedensnobelpreis schafft sich ab

Immer lauter melden sich ihre Kritiker. Der Gegenwind kommt aber nicht mehr nur aus den eigenen Reihen, sondern zunehmend auch von der SPD. Und selbst bei ihren Fans hat sie deutlich an Ansehen eingebüßt. Kanzlerinnendämmerung, wohin man schaut. Doch hartnäckig hält sich das Gerücht, Angela Merkel sei die Favoritin für den Friedensnobelpreis. An diesem Freitag wird das norwegische Nobelkomitee verkünden, wer das Rennen unter 276 Bewerbern gemacht hat. Zwar lässt die Jury nichts durchsickern, doch rührt ein Merkel-Groupie schon mal kräftig die Werbetrommel: In einer vorweggenommenen Laudatio rühmt der Direktor des Osloer Friedensforschungsinstituts Prio, Kristian Berg Harpviken, deren Qualitäten.

Der Herr Direktor ist weit weg vom politischen Geschehen in Deutschland und scheint vor lauter Merkel-Liebe blind zu sein. Ob er damit der von CDU-Getreuen auf den Weg gebrachten und von der Springer-Presse eifrig beklatschten Nominierung eher nutzt oder schadet, bleibt abzuwarten. Fest steht: Merkels Kür wäre ein Treppenwitz der Geschichte. Vorbei die seligen Zeiten einer Mutter Teresa, die sich für die Siechenden und Hungernden aufopferte, Todgeweihte begleitete und selbst in bitterer Armut lebte. Sie hatte den Friedensnobelpreis 1979 tatsächlich verdient. Wie auch die beiden Kinderrechts- und Bildungsaktivisten, die den Preis letztes Jahr erhielten.

Doch die Katastrophenkanzlerin? Was hat sie wohl für den Frieden geleistet? Im Jahr 2015 gelten offensichtlich andere Maßstäbe. Es wäre eine Ohrfeige für viele Geehrte, sollte Merkel tatsächlich siegen, ähnlich grotesk wie 2009 die Verleihung des Friedensnobelpreises an Barack Obama, der die Tradition amerikanischer Kriegslust bis heute liebevoll pflegt und damit einer der Hauptverursacher der aktuellen Flüchtlingsströme ist. Merkel hat sich in dem von ihr heraufbeschworenen Zuwanderungschaos vor allem durch Rechtsbrüche bemerkbar gemacht. Die Erosion unserer demokratischen Kultur, die Verhärtung der politischen Fronten und die Gefährdung des sozialen Friedens in Deutschland gehen ebenso auf ihr Konto, wie die Spaltung Europas.

Wer dies wie Professor Harpviken in „moralische Führungsqualitäten" umdeutet, verfälscht die Realität. Merkel hat Deutschland auf einen gefährlichen Weg geführt. Am Rande der politischen Handlungsfähigkeit ist das Staatsversagen auf allen Ebenen inzwischen nicht mehr zu kaschieren. Justiz und Verwaltung stehen der von der „Flüchtlingskanzlerin" verschärften Zuwanderungswelle ebenso machtlos gegenüber wie Politik und Ordnungskräfte. Dass die Kanzlerin heute so gerne auf Kollisionskurs zur Verfassung geht, hat jedoch einen Grund: Merkel möchte den Grünen schmeicheln. Um nichts anderes als um ihren Machterhalt besorgt, hat sie mit der rechtswidrigen Grenzöffnung die Basis dafür gelegt, ab 2017 einer schwarz-grünen Koalition vorzustehen.

Nachdem sie FDP und SPD verschlissen hat, sind nun die Grünen dran. So könnte sich in einigen Jahren der Traum von der mit absoluter Mehrheit regierenden Einheitspartei erfüllen, weil die politische Konkurrenz unter Merkels Regie marginalisiert wurde. Ob diese Rechnung aufgeht? Vielleicht erweckt sie damit eher Konkurrenten. Umfragen deuten auf das Erstarken eines neuen konservativen Spektrums hin. Und auch aus einem anderen Grund sollte Merkel die Finger von den Grünen lassen. Zum deutschen Nationalfeiertag fiel der „Grünen Jugend" nämlich nichts Dümmeres ein, als die Auflösung Deutschlands zu fordern: „Am 3. Oktober wurde ein Land aufgelöst und viele freuen sich noch 25 Jahre danach. Warum sollte das nicht noch einmal mit Deutschland gelingen?" Ich empfehle hierzu Artikel 21 Absatz 2 unseres Grundgesetzes. Wenn die Anbiederung an Verfassungsfeinde zum Friedensnobelpreis taugt, dürfen wir uns nächstes Jahr vielleicht auf Preisträger Assad freuen. Alles scheint möglich in einer verkehrten Welt.

Zalandos „Sachleistungen"
Der Balkan schreit vor Glück

Er wollte besonders witzig sein – und trat arg ins Fettnäpfchen: Saarlands Innenminister Klaus Bouillon. Dabei hatte der CDU-Politiker in seiner Landtagsrede vor zweieinhalb Wochen so viel Richtiges gesagt. Zum Beispiel, dass ein Teil der Republik „im Chaos versunken" und das Land dadurch „zurzeit relativ handlungsunfähig" ist. Dass „ungeordnete, wilde Asylströme durch Deutschland wandern". Dass Frauen das Essen nicht ausgeben können, weil sie von Angehörigen einer bestimmten Religion als „unrein" empfunden werden. Dass es wütend macht, „mit welcher Anspruchsmentalität der eine oder andere seine Rechte formuliert", der gerade vor der Bedrohung um Leib und Leben geflohen sein will. Und vieles mehr.

Bouillon ist nah dran. Er hat über die katastrophale Lage aus eigener wochenlanger Anschauung in den Unterkünften berichtet. Beklemmend ist seine Feststellung, er habe „lange überlegt, ob ich darüber rede". Im Deutschland des Jahres 2015 herrscht Angst. Es ist die Angst der Politik davor, Tatsachen offenzulegen. Zu leicht wird man Opfer der Hundertschaften selbsterklärter Nazi-Jäger in den Redaktionen. Diese können sich auf zahllose eifrige „Helfer" verlassen, die nicht selten unter dem Deckmantel staatlich geförderter Organisationen agieren. Bouillon bezog sich auf die Gemeinschaftsunterkunft in Lebach, in der nahezu 4000 Menschen untergebracht sind.

Diese steht beispielhaft für viele Unterkünfte in Deutschland. Mit einem Team von 350 Mitarbeitern versucht er die schier unlösbare Aufgabe zu bewältigen, die ihm seine Parteikollegin Merkel gestellt hat. Tief sitzen Frust und Verzweiflung bei jenen, die nun die Suppe der Kanzlerin auslöffeln müssen. Fast hat man Verständnis dafür, dass Bouillon alles, was mit dem Thema Asyl zu tun hat, nur noch mit Galgenhumor nimmt. Wie im Fall Zalando. Der Internet-Versandhändler hatte ein ganzes Jahr lang Waren auf Rechnung nach Lebach geliefert, offenbar nicht wissend, dass es sich dabei um eine Flüchtlingsunterkunft handelte. Weil aber die Ware im Wert von rund 120.000 Euro unbezahlt blieb, hat Zalando inzwischen mehr als 650 Strafanzeigen gestellt.

Freilich muss man dem Unternehmen vorwerfen, dass es irgendwann hätte stutzig werden müssen. Mehrere Hundert Menschen, die über ein und dieselbe Adresse bestellen, sind sicher nicht alltäglich. Und ein Lieferstopp nach ausbleibenden Zahlungseingängen ist die gängige Praxis. Der Innenminister und seine Leute jedenfalls hatten sich schon länger über Asylbewerber gewundert, die in „Maß-Schuhen durch das Lager laufen". Dass Bouillon dies mit der Feststellung kommentierte, mancher sei „durchaus clever" und wisse „das System zu nutzen", empört nicht nur Zalando. Denn auch Zuwanderern dürfte wohl geläufig sein, dass man eine Ware zu bezahlen hat. Wer Straftaten verharmlost, weil sie von „Flüchtlingen" begangen werden, regt zur Nachahmung an.

Zalando wird der Justiz erklären müssen, warum man fast 1.000 Pakete an immer neue Empfänger unter der immer selben Adresse lieferte, obwohl dort offenkundig wenig Lust herrschte, zu bezahlen. Das Ganze riecht wiederum stark nach organisierter Kriminalität. Laut Staatsanwaltschaft stammt die überwiegende Zahl der 100 bekannten Täter vom Balkan, von denen 59 längst wieder zurück in die Heimat geflohen sind. Und weitere 335 können nicht aufgespürt werden, weil sie offensichtlich falsche Namen nutzten oder die damaligen Bewohner nie registriert wurden. Immerhin hatte wenigstens der Herr Minister am Ende seiner Rede sprachlich dann wieder alles im Griff. Bezogen auf Merkels absurden Irrweg bemühte er Erich Kästner: „Lawinen haben nicht die Gewohnheit, auf halbem Wege stillzustehen und Vernunft anzunehmen." Der Physikerin Angela Merkel ist diese Gesetzmäßigkeit sicher bewusst. Offenbar ist sie ihr aber auch völlig egal.

Peinliche PR-Posse
Es fährt ein Boot nach nirgendwo

Immer wieder lenke ich den Blick auf das Treiben sogenannter Nichtregierungsorganisationen. Die Bezeichnung ist natürlich im Grunde ein Witz, weil NGOs in der Regel sehr wohl regierungsnah sind und sich politisch wie auch finanziell auf staatliche Unterstützung verlassen können. Der wesentliche Unterschied zur regierenden Politik ist, dass sie sich dem Bürger nie in demokratischen Wahlen stellen und sich auch ansonsten gegenüber niemandem so recht verantworten müssen. Neben den vielen bekannten NGOs wachsen immer wieder neue Organisationen aus dem Boden, die zumeist unterhalb der Wahrnehmungsschwelle agieren.

Ihr Antrieb ist nicht der Wunsch, Schattenregierungen zu errichten, sondern purer Idealismus. Eine dieser jungen, idealistischen Organisationen ist „Sea Watch", und es ist beachtlich, wie schnell das im Frühjahr gestartete Projekt die Politik erreicht hat. Der Verein, der sich der Ersthilfe für Flüchtlinge in Seenot verschrieben hat, kommt Medien und Politik wie gerufen. Kein Wunder, dass einige nun gierig die sich bietende Chance zur Selbstinszenierung ergriffen haben, allen voran die frisch gewählten Fraktionsvorsitzenden der Linken im Bundestag, Sahra Wagenknecht und Dietmar Bartsch. Parallel zu ihrer Kür wollten beide das Blitzlichtgewitter rund um eine „Sea Watch"-Aktion für sich nutzen.

Mehr als 120 Personen standen am Dienstag in einem Schlauchboot, dessen Kapazität nach Angaben von „Sea Watch" nur für ein Viertel der Mitfahrenden ausgelegt war. Mit ernsten Gesichtern posierten sie für die vielen Fotografen, die das friedlich am Ufer der wellenlosen Spree dümpelnde Boot fotografierten und filmten. „Sea Watch" wollte mit der Aktion vor allem gegen bewaffnete Anti-Schlepper-Einsätze der Europäischen Union protestieren, an denen auf dem Mittelmeer auch fast 1.000 Bundeswehrsoldaten mitwirken. Doch Medienschaffende und Politiker schrieben lieber ihre eigene Story – sehr zum Leidwesen der Initiatoren. Weil sich der abstrakte Truppeneinsatz gegen anonyme Schleuser viel schlechter für auflagenträchtige Schlagzeilen und die eigene Vermarktung eignen, wurde der spektakuläre Protest kurzerhand als Selbsterfahrung einer gefährlichen Mittelmeerüberfahrt inszeniert.

Doch da hatte die Journaille und ihre politischen Kumpane die Rechnung ohne die Bürger gemacht, die vom medialen Flüchtlings-Overkill längst die Nase voll haben. „Peinlich, geschmacklos und pervers" fand ein großer Teil der Internetgemeinde das in den sozialen Netzwerken zur Schau gestellte Schlauchboot-Drama. Die gut gemeinte Aktion verpuffte, weil sich einige Selbstdarsteller der Initiative bemächtigten. Dass ausgerechnet Sahra Wagenknecht auf der Spree dafür posierte, auf die für Flüchtlinge gefährlichen Gewässer aufmerksam zu machen, hat einen besonderen Beigeschmack.

Die eifrigste Verfechterin der kommunistischen Ideologie stand an jener Stelle, an der der von ihr so gerne verteidigte DDR-Unrechtsstaat jahrzehntelang Menschen erschießen ließ, die dem Regime entkommen wollten. Wer sich nie vom Terror einer mordenden Diktatur distanziert hat, sollte sich besser nicht als Beschützer afrikanischer Flüchtlinge inszenieren. Fragwürdig war die PR-Aktion aber noch aus einem anderen Grund: Wem nutzt es, das Leid Verfolgter nachzustellen? Und was kommt als nächstes? Werden bald auch die Enthauptungen des Islamischen Staates „nachgespielt"? Ehrenwert wäre dies womöglich, und vielleicht wäre es sogar eine gute Idee, wenn auch an dieser Selbsterfahrung die hohe Politik teilnehmen würde. Es darf jedoch bezweifelt werden, dass sie sich hierfür hergibt. Mit einer Rettungsweste ins seichte Wasser zu fallen, ist eben doch etwas anderes, als wenn einen aus Versehen die Klinge trifft. Da belässt man es lieber bei einer Kaffeefahrt auf der Spree.

Meinungsfreiheit am Pranger
Stasi und Gestapo als medialer Zeitgeist

Das grenzwertige Spiel mit der Provokation gehört zum journalistischen Selbstverständnis der Bild-Zeitung. Seit jeher tut die Redaktion alles, um zu polarisieren, zu spalten und Skandale zu kreieren. Kein Thema ist ihr heikel genug, kein Schicksal persönlich genug und kein Leid beklemmend genug, um es nicht für die eigene Auflage auszuschlachten. Wie viel Wahrheit hinter einer Meldung steckt, ist dabei offenbar ebenso zweitrangig wie die Frage, wer auf der Strecke bleibt, damit die Springer-Presse möglichst viele Abnehmer für ihre Postille findet. Immer wieder müssen sich alle möglichen Gremien und auch die Justiz mit den Artikeln der Zeitung beschäftigen. Längst gehört dies zum Ritual der Bild-Berichterstattung.

Doch nun hat die Redaktion ein neues unschönes Kapitel aufgeschlagen, das nicht nur die Grenzen des guten Geschmacks überschreitet, sondern möglicherweise Rechtsbrüche markiert, die nicht mit einer verschämten Gegendarstellung im Kleingedruckten gutzumachen sind. Am Dienstag veröffentlichte BILD die Meinungsäußerungen von rund 40 Facebook-Nutzern zur Zuwanderungskrise. In der Print- und Onlineausgabe wurden die Original-Statements samt des vom jeweiligen Nutzer in Facebook hinterlegten Fotos und dessen dort verwendeten Namens abgedruckt. Ein für die Zeitung dokumentierter Reporter-„Besuch" folgte tags darauf.

Martialisch brüstete man sich damit, einen Pranger gegen Hetze geschaffen zu haben, im Zuge dessen bereits nach kürzester Zeit Strafanzeigen gegen die öffentlich vorgeführten Personen erfolgt seien. Doch die Redaktion, die offenbar billigend in Kauf nimmt, rechtskräftig verurteilt zu werden, solange die Auflage stimmt, dürfte sich nun selbst einer Flut von Anzeigen gegenübersehen. Als „in weiten Teilen rechtswidrig" bewertete etwa der renommierte Medien- und Presserechtsanwalt Joachim Steinhöfel den Facebook-Pranger der Bild-Zeitung. Völlig undifferenziert bezeichnete BILD die Einträge der angeprangerten Personen als „Hetze gegen Flüchtlinge". Und tatsächlich dürften viele der veröffentlichten Facebook-Posts strafrechtlich relevant sein. Auf etwa ein Drittel der an den Pranger gestellten Personen trifft dies nach Steinhöfels Einschätzung allerdings nicht zu.

Insgesamt scheint für die Bild-Zeitung eher das Anprangern Andersdenkender im Vordergrund zu stehen, als der Rechtsbruch. Beispielhaft sei die zwar orthografisch alles andere als gekonnte, aber keinesfalls strafbare Feststellung eines Facebook-Nutzers genannt: „Auf Wiedersehen es wird Zeit für eine verabschiedungskultur ich mag se nicht ich will se nicht ich brauch se nicht". Es gibt gute Gründe, warum unserer Rechtsstaat nicht nur Opfer, sondern auch Beschuldigte schützt. Gerade ein Land mit der Vergangenheit Deutschlands sollte die Unschuldsvermutung ebenso verteidigen wie den Grundsatz, die Identität Beschuldigter nicht öffentlich zu machen.

So, wie der Pressekodex immer dann akribische Anwendung findet, wenn Straftaten von Ausländern begangen werden, gilt er auch für jeden, der sich möglicherweise gegenüber Ausländern strafbar gemacht hat. Es ist anmaßend, dass sich die Bild-Zeitung zum obersten Hüter von Anstand und Moral aufspielt. Und es entbehrt nicht einer traurig-bitteren Komik, dass ausgerechnet das Springer-Blatt sich in dieser Rolle gefällt. Der in subtiler Form auch von anderen Redaktionen aufgestellte Pranger markiert jedenfalls eine Zeitenwende in der deutschen Presseberichterstattung. Er ist das unmittelbare Ergebnis einer politischen Kultur, in der selbst der Bundesjustizminister nach Gutdünken den Rechtsstaat außer Kraft setzt, indem er festlegt, welche öffentlichen Meinungsäußerungen er für statthaft hält und welche nicht. Zweimal hat es dies im Deutschland des 20. Jahrhunderts gegeben. Die Folgen sind bekannt.

Fahimis Flucht
Der gescheiterte Linksruck der SPD

Sie war nie so richtig angekommen im Amt der Generalsekretärin. Man konnte ihr förmlich ansehen, wie wenig Freude ihr die Aufgabe bereitete. Nun gibt sie auf. Es klingt in der Tat nicht nach besonders viel Spaß, eine nach der Bundestagswahl 2013 verheerend geschlagene SPD wieder interessant zu machen. Yasmin Fahimi hat es mit einem Linksruck versucht – und ist kläglich gescheitert. Fast zwei Jahre nach ihrem Amtsantritt steht die SPD heute ungefähr dort, wo sie auch damals stand. Nun hat Fahimi angekündigt, ihr Amt zum Jahresende aufzugeben.

Man muss ihr zugutehalten, dass sie sich nie der vollen Rückendeckung ihrer Führung sicher sein konnte. Dabei war Fahimis Ansatz vielleicht gar die einzige Option, um sich gegenüber einer immer weiter nach links rückenden CDU zu profilieren. Die Alternative wäre gewesen, den Koalitionspartner rechts zu überholen – doch diese Volte hätte den siechenden Sozis niemand abgenommen. Und so darf auch nach Fahimis Abgang darüber gerätselt werden, wie sich die ehemalige Volkspartei wieder in frühere Umfrageregionen aufschwingen will. Dass sie auch nach 2017 wieder als Juniorpartner der CDU mitmischen darf, scheint eher unwahrscheinlich. Merkel hat ihre Netze nach den Grünen ausgeworfen. Yasmin Fahimi fällt immerhin weich.

Der Parteienstaat wäre ja nicht der Parteienstaat, gäbe es nicht für jeden beschäftigungslosen Berufspolitiker umgehend ein neues steuerfinanziertes Amt. Andrea Nahles wird sie ins Bundesarbeitsministerium holen. Als Staatssekretärin unter ihrer Parteifreundin darf sich die Ex-Gewerkschafterin in Kürze über eine saftige Gehaltsanhebung freuen. Mit lästigen Parteivorsitzenden muss sie sich dann auch nicht mehr herumschlagen. Nahles war es nach der Bundestagswahl auch, die Fahimi SPD-intern durchsetzte. Früh wurde deutlich, dass Parteichef Gabriel kein Freund der Erzlinken war, die keinerlei bundespolitische Erfahrung vorweisen konnte und nur deswegen zum Zug kam, weil sie eine Frau war. Immer wieder fiel sie öffentlich unangenehm auf – und Sigmar Gabriel hatte alle Hände voll zu tun, die Wogen zu glätten.

Mal beleidigte Fahimi Unternehmer, die sich über die Mindestlohn-Bürokratie beklagten, mal empfahl sie die Auflösung des Rates der Wirtschaftsweisen, weil dieser ihrer Ideologie nicht folgen mochte. Die frühere marxistische „Juso-Linke" ließ keine Gelegenheit aus, ihre Verachtung für das deutsche Wirtschaftssystem kundzutun. Nun hat Gabriel die Faxen dicke. Immerhin bescheinigte er Fahimi zum Abschied, eine „engagierte Generalsekretärin" gewesen zu sein. Im Arbeitszeugnis steht dann oft: „war stets bemüht". Beim Parteitag der SPD in sechs Wochen wird der Wechsel vollzogen. Und einmal mehr dürfte der schleswig-holsteinische SPD-Vorsitzende Ralf Stegner in die Röhre schauen.

Zwar verfügt er über die mächtige Lobby der Parteilinken, doch hat sich Gabriel bereits darauf festgelegt, dass er nach Nahles und Fahimi abermals eine Frau zum General machen möchte. Der gewichtige SPD-Chef spekuliert darauf, 2017 als Kanzlerkandidat anzutreten. Er wird sich schon aus diesem Grund gegen die dritte linke „Generalin" in Folge entscheiden. Doch es scheint fast einerlei, was die SPD tut. Bleiern rangiert sie in der Wählergunst bei 25%. Nur eine klare Differenzierung gegenüber der CDU könnte hieran wohl etwas ändern. Oder Merkels Abgang. Letzteres scheint inzwischen gar nicht mehr so unwahrscheinlich. Mit einer CDU, die sich dann auf ihre konservativen Wurzeln besinnt, bekämen auch die Genossen wieder mehr Luft zum Atmen. Was bleibt, ist der düstere Ausblick, dass das Arbeitsministerium künftig noch mehr linke Ideen produzieren wird. Für Deutschland wäre es besser gewesen, Fahimi hätte ihren Job behalten.

Das „Klima-Asyl"
Hendricks auf der Suche nach neuen Flüchtlingen

Man hört nicht oft von ihr – und das ist gut so. Doch immer, wenn ihr die organisierten Retter der Erde einen Strohhalm reichen, greift sie dankbar zu. Diesmal ist die Ende November in Paris stattfindende Weltklimakonferenz Anlass für eine ihrer skurrilen Wortmeldungen. Die Rede ist von Bundesumweltministerin Barbara Hendricks, bei der man nicht recht weiß, ob sie sich eher zu den Sozis hingezogen fühlt, deren Parteibuch sie trägt, oder doch zu ihren Gesinnungsgenossen von den Grünen. Hendricks macht dieser Tage mit der Forderung auf sich aufmerksam, die Vereinten Nationen müssten eine neue Flüchtlingskategorie schaffen, um jenen Asyl gewähren zu können, die durch den Klimawandel zum Verlassen ihrer Heimat gezwungen würden.

Dieser werde Millionen Menschen in die Flucht treiben „und sie werden wohl auch zu uns kommen", droht die 63-Jährige. Die SPD-Politikerin überrascht mit der Feststellung, in Deutschland würden „Klimaflüchtlinge" als „Wirtschaftsflüchtlinge" denunziert. Dabei sind es die in der ersten Jahreshälfte hunderttausendfach vom Balkan zu uns geströmten Zuwanderer, denen das Attribut anhaftet. Von epischen Klimakatastrophen ist aus dieser Region allerdings nichts bekannt. Doch natürlich gibt es auf der Erde extreme Klimazonen. Aus dieser Tatsache konstruiert die Geschichtslehrerin eine historische Schuld.

„Schließlich haben wir in den Jahrzehnten der Industrialisierung die Verschmutzung der Erde maßgeblich verursacht und tragen immer noch stark dazu bei", jammert die Ministerin moralinsauer, wohl wissend, dass die heutige Verantwortung für unzureichenden Klimaschutz vor allem bei den Regierungen der betreffenden Staaten liegt. Wen aber kümmern Fakten, wenn sich mit der Klimaangst so wunderbar Politik machen lässt? Hendricks hat ein wahres Kabinettstückchen vollbracht: Sie hat den grünen Dauerappell an das schlechte Klimagewissen um die moralische Komponente der persönlichen Verantwortung für alles Flüchtlingsleid dieser Welt erweitert. Waren wir bisher schon schlechte Menschen, weil wir unseren Müll nicht ordentlich trennen, wissen wir jetzt, dass wir auch herzlos sind, wenn wir den Opfern unserer Umwelteskapaden das Asylrecht verweigern.

Das grüne Mantra vom Weltuntergang hat die Flüchtlingspolitik erreicht. Endlich hat auch der Umweltschutz seine Willkommenskultur. Die jahrelang von der grünen Parteiführung vergeblich ausgesandte Botschaft kommt dank der Hendricks-Doktrin nun endlich an: Wer kein Herz für den Klimaschutz hat, ist ein Nazi. Doch die Genfer Flüchtlingskonvention setzt dem Flüchtlingsbegriff nicht ohne Grund einen engen Rahmen. Wo wollte man die Grenze ziehen? Ist nicht auch der langanhaltende Frost der Tundra ein guter Grund zur Flucht in wärmere Gefilde? Immerhin erstreckt sich die Kältesteppe auf fünf Prozent der Landfläche unserer Erde.

Fiele also auch die Flucht vor der Kälte unter das neu geschaffene „Klima-Asyl"? Könnten wir dann noch Eskimos, Ewenken oder Korjaken reinen Gewissens Asyl verweigern? Und wie verhielte es sich im umgekehrten Fall? Wäre nicht auch die für die ältere Bevölkerung gesundheitsbedrohliche Extremhitze in Teilen Südeuropas, in Afrika sowie im arabischen Raum Anlass genug, diesen geschundenen Menschen grundsätzlich Asyl in kühleren Gefilden zu gewähren? Doch wo zöge das neue Asylrecht dann die Grenze zwischen Wetterkapriolen und Klimaexzessen? Reichen drei zu trockene Sommer hintereinander, oder sind es eher fünf? Der Vorstoß reiht sich ein in die irrwitzige Zuwanderungspolitik einer hilflosen Bundesregierung. Statt tragbare Lösungen für den nicht versiegenden Zuwandererstrom zu suchen, sollen noch mehr Menschen ins Land gelockt werden. Die Politik der Umweltideologen war schon immer absurd. Mit der Erfindung des Umweltflüchtlings schließt sich der Kreis.

Merkels Märchen
„Die Bundeskanzlerin hat die Lage im Griff"

Da saß sie nun, milde lächelnd, aber irgendwie irritiert darüber, dass sich zwei ihrer Untertanen doch tatsächlich anmaßten, sie ins Kreuzverhör nehmen zu wollen. Ihr „wichtigstes TV-Interview", wie die Hofberichterstatter der Springer-Presse meinten, absolvierte Kanzlerin Angela Merkel am Freitag scheinbar entspannt. Doch immer wieder schimmerte auch die Dünnhäutigkeit einer Frau durch, die sich nicht mehr auf die Rückendeckung ihrer Ja-Sager aus dem Regierungslager verlassen kann. Und auch nicht mehr auf die Demoskopie, die ihr doch so lange so zuverlässig den wöchentlichen Stundenplan für ihre Tätigkeit geschrieben hatte.

Merkel bemühte sich, den allgegenwärtigen Kontrollverlust der von ihr geführten Regierung weg zu lächeln. So sehr, dass man fast Sorge um ihre Kiefermuskulatur haben musste. Da war es gut, dass die ihr zugeteilten Journalisten an diesem Abend auch einmal wagten, mehr zu sein als der Resonanzkörper für Merkels Märchenstunde. In diesen seltenen Momenten wich die Milde aus dem Antlitz der „Willkommenskanzlerin". Mal verbat sie sich schnippisch allzu energische Nachfragen mit dem Hinweis, sie dürfe ihren Satz doch sicher zu Ende sprechen. Mal setzte sie eine Miene auf, die ihrem Gegenüber signalisieren sollte, er könne seine Frage wohl kaum ernst meinen.

Wie einst Christiane Kerner im preisgekrönten Kinofilm „Good Bye, Lenin!" lebt Merkel in ihrer eigenen Welt. Der Filmfigur musste man zugutehalten, den Zerfall der DDR ein Dreivierteljahr lang im Koma verschlafen zu haben und danach eine Scheinwelt vorgegaukelt zu bekommen. Merkel kann sich auf derlei nicht berufen. Sie hört, sieht und fühlt Tag für Tag, wie sehr Deutschland unter ihrer Politik leidet. Und einige ihrer Minister lassen nichts unversucht, um sie wachzurütteln. Doch warum sollte sich eine um ein paar Minister scheren, der offenbar Parlament und Rechtsstaat egal sind? So bleibt die Mutter aller Flüchtlinge bei ihrem „Wir schaffen das"-Mantra, obwohl sie wissen muss, dass wir es so nicht schaffen können.

Es sollte der große Befreiungsschlag werden, nach einer Woche, in der der Ton in der Regierungskoalition schärfer, die Sprache bildhafter und der Ruf nach der Vertrauensfrage lauter geworden war. Doch er konnte es nicht sein. Schon gar nicht nach dem, was sich nur Stunden später in Paris abspielen würde. Nun ist klar: Merkel ist nicht mehr länger tragbar. Der islamistische Terror, der Europa nun heimsucht, zeigt die ganze Fahrlässigkeit des Handelns einer Kanzlerin auf, die zulässt, dass Hunderttausende ohne jede behördliche Registrierung zu uns einreisen. Von 300.000 illegalen Einwanderern ist offiziell inzwischen die Rede, von denen niemand weiß, wer sie sind, wo sie sich genau bei uns aufhalten und was sie vorhaben. Die Dunkelziffer dürfte weit höher liegen.

Es gehört nicht besonders viel Phantasie dazu, sich vorzustellen, dass auch einige der Attentäter von Paris auf diese Weise den Weg in die EU gefunden haben. Erste polizeiliche Ermittlungen scheinen derlei Befürchtungen zu bestätigen. Doch Merkel bleibt bei ihrem Kurs, den deutschen Michel mit einem sanften Gutenachtlied in den Schlaf zu wiegen. Dabei dürfte es nur eine Frage der Zeit sein, bis auch hierzulande Selbstmordattentäter ihr Unheil anrichten. Merkels Willkommensgruß in die Welt ist natürlich auch von islamistischen Gotteskriegern gehört worden. Unsere Nachbarn schüttelten von Beginn an den Kopf über so viel Leichtsinn. Frankreich musste an diesem 13. November ausbaden, was die Hurra-Rufer angerichtet haben, indem sie mit der Überdehnung der Religionsfreiheit den Feinden der Demokratie die Schlüssel zum Haus unseres europäischen Wertesystems auf dem Silbertablett servierten. Noch können wir uns die Schlüssel zurückholen, aber dafür brauchen wir als Gesellschaft den Mut zur ehrlichen Debatte. Frau Merkel steht dieser Ehrlichkeit im Weg.

Frankreich in der Täterrolle
Das ZDF erklärt Kindern den Islamismus

Der Propagandakanal hat wieder zugeschlagen. Und weil immer mehr Erwachsene das üble Spiel des ZDF durchschauen, sucht man sich seine Opfer nun unter den Kindern. Diese sind eine leichte Beute für einen Sender, dessen Treiben selbst die unverhohlene Demagogie in den Schatten stellt, die von staatsgelenkten Medien in Diktaturen ausgeht. Mitte der Woche wurde den jüngsten Fernsehzuschauern im Kinderprogramm des ZDF beigebracht, dass Frankreich im Grunde selbst schuld am islamistischen Terror sei. Nur zwei Minuten brauchten die Mainzer in ihrer ZDFtivi-Animation zu den Pariser Anschlägen, um Täter und Opfer zu vertauschen.

Zwar nahmen die Verantwortlichen das Schurkenstück nach heftiger Kritik aus der Mediathek, doch wollte man sich in einer Stellungnahme nur zu dem Eingeständnis durchringen, der Beitrag könne „für sich betrachtet missverstanden werden". Spätestens seit diesem erneuten Verstoß gegen den Rundfunkstaatsvertrag ist klar: Das Zweite pfeift auf seinen Programmauftrag – es will uns sein Weltbild aufzwingen. In diesem ist eine kritische Auseinandersetzung mit dem Islam nicht vorgesehen. Wie anders wäre es zu erklären, dass das ZDF in seinen „Kindernachrichten" nicht etwa den islamistischen Terror geißelt, sondern unverhohlen als Anwalt enttäuschter Muslime auftritt?

„Sie sind arbeitslos und wissen nicht, was sie tun sollen – und das macht sie wütend", wirbt die sanfte Stimme im Erklärstück für Verständnis. Und weiter: „Bei manchen geht die Wut so weit, dass sie im Namen ihrer Religion gewalttätig werden." Die unbedarften Kleinen erfahren sogleich warum: „Als einzige Hoffnung bleibt ihnen oft nur ihre Religion, meist der Islam. Dazu Erinnerungen, was die Franzosen früher in ihren Kolonien, also ihren Heimatländern, Schreckliches gemacht haben." Die Botschaft ist simpel und klingt für das schlichte Gemüt eines Kindes nur allzu gerecht: Nun rächen sich die Muslime für das Leid, das ihnen Frankreich angetan hat. Klare Worte gab es dazu vom Medienwissenschaftler Norbert Bolz: „Man bekommt den Eindruck, dass sich die Macher des Beitrags als Aufklärer aufspielen, aber einfach nur antikolonialistische und antikapitalistische Affekte wecken wollen."

Besser kann man das, was sich immer ungenierter im ZDF abspielt, nicht beschreiben. Dabei versuchen die Staatsfunker penetrant, ihre veröffentlichte Meinung zur öffentlichen Meinung zu erklären. Als devote Steigbügelhalter der „Willkommenskanzlerin" bombardieren sie uns fortwährend mit ihrer Propaganda. Zu dieser gehört, uns davon zu überzeugen, der Islamismus habe nichts mit dem Islam zu tun. Doch die Negierung des Offensichtlichen ist eben keine Lösung. Das haben inzwischen selbst führende Grüne erkannt, denen man sicher keinerlei islamfeindliche Anwandlungen unterstellen mag.

Gerade erst hat der grüne Bundesvorsitzende Cem Özdemir bekundet, er könne es nicht mehr hören, „wenn quasi ritualisiert erklärt wird, das alles habe nichts mit dem Islam zu tun". Ein bemerkenswertes Statement, das kaum glaubwürdiger und unverdächtiger sein könnte, als aus dem Mund eines Migranten muslimischen Glaubens. Zweifellos gibt es viele Millionen friedliche Muslime, so wie es viele Millionen friedliche Christen, viele Millionen friedliche Buddhisten und viele Millionen friedliche Juden gibt. Aber es gibt eben eine beträchtliche Anzahl fanatischer Moslems, die im Namen ihrer Religion morden. Unter Christen, Buddhisten und Juden gibt es solche Terrorbanden nicht. Stellen wir uns endlich der Wahrheit: Genauso, wie man etwa der Katholischen Kirche völlig zu Recht die Verantwortung für kindesmissbrauchende Priester zuweist, trägt der Islam die Verantwortung für mordende Islamisten. Solange die islamische Welt nicht glaubhaft gegen den Terror vorgeht, ist der Islamismus untrennbarer mit dem Islam verknüpft. Diesen Zusammenhang versteht sogar ein Kind.

Alberne Klima-Theorie
Der Mann als geborener Feind der Umwelt

In dieser Woche bin ich auf einen Begriff gestoßen, der meine Neugier geweckt hat. Und obwohl mir meine innere Stimme befahl, es nicht zu tun, ging ich der Sache auf den Grund. Ich wollte unbedingt wissen, was es mit der „Geschlechtergerechtigkeit in der Klimapolitik" auf sich haben könnte, die eine gewisse Gotelind Alber im Vorfeld der Weltklimakonferenz ins Spiel gebracht hat. Sollte es dabei um die geschlechterparitätische Besetzung aller Gremien gehen, die der Klimawandel-Industrie zuarbeiten? War vielleicht bloß eine Befragung unter Frauen gemeint, um deren Wünsche zur vermeintlichen Rettung des Klimas stärker zu berücksichtigen?

Oder handelte es sich um den impliziten Vorwurf, dass wir Männer den Frauen ein Unrecht antun, weil wir anders sind? Natürlich war es vor allem Letzteres. Woher der Wind weht, machte ein Blick in Frau Albers Vita klar. Sie hat sich dem Gender-Kampf verschrieben und Männer als Hauptschuldige für den Klimawandel ausgemacht. Zur Gegenwehr hat sie eigens ein internationales Frauen-Netzwerk mitbegründet, in dem sie als sprachgewaltiges Vorstandsmitglied dem Klima zu mehr Gerechtigkeit verhelfen will. Die Vereinigung will Männer dazu erziehen, sich wie Frauen zu verhalten – wenn man die Welt schon nicht von ihnen befreien kann. So weit, so schlecht.

Als ahne sie, wie dünn das Eis ist, auf dem ihre Ideologie und die ihrer Netzwerkerinnen fußt, lässt sie uns vorsorglich wissen, dass sich nun sicher wieder die Gegner des Genderwahns zu Wort melden würden. Und jene, die so gerne von der Klimalüge sprechen. Selbstverständlich ist das so, liebe Frau Alber. Denn das irrwitzige Treiben der Gender-AktivistInnen kann nicht unkommentiert bleiben. Und als aufgeklärter Mitteleuropäer muss man den Profiteuren des Umweltwahns entgegentreten, die mit der geschürten Angst vor einem sich verändernden Klima das große Geld verdienen. Ebenso all jenen, die das Thema nur allzu gerne dazu missbrauchen, der Gesellschaft ihre Weltanschauung aufzuzwingen und den grünen Arier zu erschaffen.

Doch angeblich geht es Frau Alber lediglich darum, „genau hinzusehen, Unterschiede aufzuzeigen und neue, gerechtere Lösungsansätze zu finden", wenn sie feststellt, dass sich Frauen weitaus klimafreundlicher verhalten als Männer. Sie nutzten in stärkerem Maße öffentliche Verkehrsmittel, führen wesentlich kleinere Autos, äßen viel häufiger vegetarisch und seien weitaus empfänglicher für die vermeintlichen Vorzüge von Bio-Lebensmitteln. Sie seien daher besser für das Klima als Männer. Na sowas! Nun ist es nicht so, dass man Frau Alber in ihren Beobachtungen widersprechen könnte. In der Tat sind es vor allem Frauen, denen der Bio-Markt seine milliardenschweren Umsätze verdankt. Ob das allerdings dem Klima eher nutzt oder schadet, sei dahingestellt.

Und die zwar von manchem Mediziner als bedenklich eingestufte vegetarische Ernährung ist sicher häufiger bei Frauen anzutreffen. Auch das mit den kleinen Autos stimmt, doch hilft es der Umwelt wenig, wenn man sich konsequent auf die Verwendung des zweiten Ganges beschränkt. Wie wäre es zudem, in Betracht zu ziehen, dass Frauen ganz offenkundig ein anderes Temperaturempfinden haben als Männer? Die Belastungen für die Umwelt aufgrund der dadurch deutlich stärker beheizten Büros und Wohnungen sollte Frau Alber unbedingt ins Kalkül ziehen. Ebenso die Tatsache, dass Frauen mehr Ressourcen im Bad verbrauchen und mit ihrem Konsumverhalten sicher nicht dazu beitragen, das Klima zu schonen. Der Verkehr, der nur durch den weiblichen Hang zum Shopping entsteht, wäre ein willkommener Anlass für eine Studie zum Klimawandel. Doch Ausgewogenheit ist nicht das Anliegen der Geschlechtergerechten. Sie verschleißen sich lieber im Kampf gegen den Mann. Für uns alle wäre es besser, wenn der Genderwahn endlich ein Ende fände. Und auch dem belasteten Klima zwischen Mann und Frau wäre damit geholfen.

Zielscheibe Zuckerberg
Ein Spender im Fadenkreuz der Staatsgläubigen

Geld macht nicht glücklich, so heißt es. Und zu viel Geld kann gar zur Bürde werden. Das dachten sich wohl auch Mark Zuckerberg und seine Frau, als sie zur Geburt ihrer Tochter vor wenigen Tagen ankündigten, fast ihr gesamtes aktuelles Vermögen in eine Stiftung zu überführen. Ist es so, dass sie ihrem Nachwuchs die Last von den Schultern nehmen wollen, mit dem sprichwörtlichen „goldenen Löffel" im Mund in ein sinnentleertes Leben ohne eigene Anstrengungen starten zu müssen, wie der Cicero vermutet? Oder hat die Neid-Armee recht, die dem Facebook-Gründer unterstellt, er wolle sich auf diese Weise lediglich vor seiner Verpflichtung zum Steuerzahlen drücken?

Richtig ist, das die Gründung einer gemeinnützigen Stiftung den amerikanischen Multimilliardär in die komfortable Lage versetzt, selbst darüber zu entscheiden, wie er das mit seinen Firmen verdiente Vermögen zum Wohl seiner Mitbürger einsetzt. Dass dies scheinheilig oder gar egoistisch sein soll, wie die Speerspitze des linken deutschen Journalismus, Caren Miosga in den Tagesthemen stellvertretend für die deutsche Neidgesellschaft verkündete, kann nur jemand behaupten, der den Einzelnen als unberechenbaren Störfaktor im allmächtigen Bevormundungs- und Fürsorgestaat sieht. In der Welt der Etatisten gibt es keine höhere Instanz als den Staat, der zu jeder Zeit am besten weiß, was gut für uns ist.

Aber natürlich gibt es auch Kritik in Zuckerbergs Heimat. Linke Medien versuchen auch dort seit Tagen, die angekündigte Gründung einer Stiftung zu torpedieren, deren Zweck es sein soll, Bildungsprogramme und medizinische Forschung zu finanzieren, um die Chancenungleichheit von Kindern zu verringern. Doch lauter als in Deutschland war der Aufschrei nirgendwo zu hören. Mit großer Lust wird hierzulande anderen der Erfolg geneidet, hinter jedem Vermögen ein Verbrechen vermutet und allen misstraut, die sich nicht in staatliche Obhut begeben wollen. Zuckerberg hat mit seiner Ankündigung zwei deutsche Reflexe in Gang gesetzt, die sinnbildlich für viele ungelöste Probleme in unserem Land stehen: Wo Neidkultur auf Staatsgläubigkeit trifft, kann sich nichts entwickeln.

Wer aber glaubt, persönlicher Wohlstand sei ein Vergehen an der Gesellschaft, wer den Staat als einzig legitimen Wohltäter begreift, der legt die Axt an Eigeninitiative, Fortschritt und Wohlstand. Nun ist es wahrlich nicht so, dass Zuckerbergs scheinbares Steuersparmodell der Gesellschaft schaden würde, wie der linke Mainstream vermutet, der übrigens gar nicht betroffen ist, weil Facebook schon heute bei uns kaum Steuern zahlt. Wenn überhaupt, sind es die amerikanischen Bürger, die jedoch mehrheitlich bewundern, was die Mark Zuckerbergs dieser Welt tun. Dass trotz des deutschen Staatsmonopols auf die Verteilung von Wohltaten hierzulande vieles im Argen liegt, blendet die linke Neidgesellschaft gerne aus.

Von der Kinderarmut über die unzureichende Unterstützung behinderter und pflegebedürftiger Menschen bis hin zur mangelnden Chancengerechtigkeit im Bildungssystem bleibt im allfürsorgenden Staat vieles ungelöst. Und ohne das vielfältige karitative Wirken privater Stiftungen sähe es noch düsterer aus. Denn ein Staat, der das Treuhandvermögen seiner Bürger danach ausgibt, was den jeweils Regierenden die meisten Wählerstimmen bringt, kann nicht der bessere Stifter sein. Er kümmert sich nämlich gerade nicht um diejenigen, die keine Lobby haben, Hilfe aber am dringendsten brauchen. Mit der Ächtung Vermögender setzen die Staatsgläubigen eine Spirale in Gang, die dazu führt, dass den Schwächsten der Gesellschaft letztlich noch weniger Hilfe zuteilwird, weil die politisch Verantwortlichen das Geld bereits für Prestigeobjekte und die Pflege ihrer Ideologien verprasst haben. Scheinheilig ist daher nicht Zuckerbergs Vorhaben, sondern das Jammern derer, die nicht ertragen können, dass eine Wohltat nicht nur dem Empfänger, sondern auch dem Spender nutzt. Sie nähren damit einen faschistischen Zeitgeist, der uns schon zweimal schlecht bekommen ist.

Linksterror als Bürgerrecht
Die ANTIFA – Liebling von Medien und Politik

Man kommt mit dem Zählen längst nicht mehr hinterher. Die vielen kleinen und großen Straftaten linker Krimineller sind eine Bedrohung für Deutschlands Sicherheit und Ordnung. Medial finden Sie allerdings wenig Beachtung, und auch die hohe Politik gefällt sich lieber darin, fortlaufend vor der „rechten Gefahr" zu warnen, als das wahre Problem beim Namen zu nennen. Dass diese einseitige Sichtweise nicht nur töricht, sondern ausgesprochen gefährlich ist, zeigte sich am Wochenende einmal mehr in Leipzig. Dort lieferten sich am Samstag radikale Linke eine regelrechte Schlacht mit der Polizei, was den Leipziger SPD-Oberbürgermeister Burkhard Jung dazu veranlasste, von „offenem Straßenterror" zu sprechen.

Jung dürfte jedoch, wie so viele Kommunalpolitiker, ungehört am Elfenbeinturm seiner Berliner Parteigenossen abprallen, die viel lieber eine Nazi-Schmiererei an einer Hauswand thematisieren, als sich mit Steine werfenden linken Totschlägern zu beschäftigen. Mehr und mehr muss man Deutschlands Politikern attestieren, auf dem linken Auge blind zu sein. Für die Presse gilt dies schon lange. Statt linken Extremismus mit der gleichen Schärfe zu verurteilen wie rechten, verklären Medien und Politik linksextreme Positionen zum belebenden Element für die Meinungsvielfalt. Wehe dem, der gleiches für das rechte Spektrum fordert.

Während sich Deutschlands Nachrichtenredaktionen täglich aufs Neue akribisch auf die Suche nach Auswüchsen radikaler rechter Gesinnungen machen, spielen selbst die gemeingefährlichsten Attacken linker Extremisten in der Berichterstattung kaum eine Rolle. Da werden Autos von Andersdenkenden angezündet, konservative Kommunalpolitiker in ihren Büros krankenhausreif geschlagen oder auch schon mal ganze Stadtviertel in Schutt und Asche gelegt wie im Frühjahr in Frankfurt. Wo die vermutete Zündelei Rechter in einer unbewohnten Flüchtlingsunterkunft tagelang zum Titelthema taugt, wird über die Mordversuche linker Extremisten an Polizisten, Feuerwehrleuten und Sanitätern eher beiläufig berichtet – stets mit einer die Vorkommnisse verschleiernden Headline.

Dabei muss man gar nicht bis zu den düsteren Zeiten der RAF zurückgehen, um die Gefahren zu erkennen, die von linksradikalem Gedankengut ausgehen. Die Mörderbande der Baader-Meinhof-Grupp hatte es damals vor allem auf hochrangige Vertreter aus Politik und Wirtschaft abgesehen. Sie terrorisierte uns mit Entführungen, Erschießungen und Sprengstoffattentaten. Der „Deutsche Herbst" ist den nach 1980 Geborenen heute allerdings kein Begriff mehr. Dies liegt an Lehrkräften und Lehrplänen, vor allem aber an einer geradezu grotesk einseitigen Berichterstattung. So wird heute ebenso an die RAF erinnert wie an die Terrorherrschaft der SED, deren in Teilen extremistische Nachfolgepartei mit enormer medialer Unterstützung inzwischen fest in der Gesellschaft verankert ist.

Natürlich ist und bleibt der Nationalsozialismus eines der dunkelsten Kapitel der deutschen Geschichte. Aber trifft dies nicht auch auf die Gräueltaten und Repressalien der DDR-Kommunisten zu, die ein Fünftel unserer Bevölkerung 40 Jahre lang terrorisierten? Die Medien haben die Frage für sich beantwortet: Linker Extremismus ist guter Extremismus – alles andere ist Nationalsozialismus. Wer diese simplen Muster propagiert, ermuntert perspektivlose Jugendliche dazu, ihren Hass auf eine Gesellschaft auszuleben, der sie die Schuld am eigenen Scheitern geben. Maikrawalle werden zur Folkloreveranstaltung stilisiert und die vorhersehbaren Ausbrüche roher linker Gewalt als von rechts provozierte Begleiterscheinung kleingeredet. Nicht nur die zahllosen verletzten Einsatzkräfte wissen ein Lied davon zu singen, dass schon zwei Dutzend rechter Sprücheklopfer auf einem Marktplatz dazu ausreichen, linken Gewalttätern eine mediale Legitimation zu verschaffen. Medien und Politik tragen die Schuld an dem, was sie beweinen. Wer der ANTIFA in die Karten spielt, hat kein Recht, über das Erstarken von PEGIDA zu jammern.

Berliner Bescherung
Der Parteienstaat beschenkt sich selbst

Für die Politik eignet sich die Vorweihnachtszeit besonders gut, um Vorhaben durchzusetzen, die zu anderen Zeiten des Jahres große Empörung hervorrufen würden. Denn in den Tagen vor Weihnachten sind die Menschen hektisch damit beschäftigt, nach Geschenken zu suchen oder letzte Vorbereitungen für das Fest zu treffen. Viel Zeit für eine ausgiebige Nachrichtenlektüre bleibt da nicht. Es hätte auch wenig gebracht, weil die überwiegende Zahl der deutschen Journalisten die nun beschlossene Erhöhung der staatlichen Parteienfinanzierung lediglich zur AfD-Schelte nutzte und den wahren Skandal des Bubenstücks gar nicht thematisierte.

So bleibt der fällige Aufschrei darüber aus, dass die Große Koalition in Windeseile eine Erhöhung der Steuerzahlerzuschüsse an die Parteien um fast 20% durchgeboxt hat. Nur das Handelsblatt sprach Klartext, doch dürfte dieses kaum zur Standardlektüre des deutschen Michels gehören. Von den öffentlich-rechtlichen Anstalten war nicht mehr zu erwarten als das Erfüllen der lästigen Chronistenpflicht. Den Miosgas und Klebers der Welt, die uns ansonsten so gerne an die Hand nehmen, weil sie uns für zu unbedarft halten, fiel wenig dazu ein, dass es kleinen und neuen Parteien in Zukunft noch schwerer gemacht wird, „an der politischen Willensbildung des Volkes mitzuwirken", wie es unser Grundgesetz vorsieht.

Dies verwundert nicht, werden die Fernsehräte doch von den Funktionären und Mitgliedern des bestehenden Parteienapparates dominiert. Die neuen gesetzlichen Regelungen sehen vor, dass jede Partei ab dem Bundestagswahljahr 2017 für die ersten vier Millionen Wählerstimmen je einen Euro statt bisher 85 Cent aus dem Steuertopf erhält, für jede weitere Stimme 83 statt der bisherigen 70 Cent. Schon heute ist außerdem gesetzlich geregelt, dass der Steuerzahler jeden an eine Partei gespendeten Euro noch einmal mit zusätzlichen 38 Cent vergoldet – ein Umstand, der den meisten Wählern gar nicht bekannt ist. Künftig wird dieser Zusatzverdienst bei 45 Cent liegen. Die Parteien sichern damit trotz rückläufiger Wahlbeteiligung einen märchenhaften Anstieg der staatlichen Zuflüsse. Diese betrugen schon 2014 insgesamt fast 157 Millionen Euro, von denen satte 70% auf die Große Koalition entfielen.

Mit der Neuregelung schotten sich CDU/CSU und SPD nun noch stärker gegen die Konkurrenz ab, weil sie naturgemäß von der Steigerung am stärksten profitieren. Statt diese einfachen Zusammenhänge aufzuzeigen, hatte die links-grüne Meute der Journalisten nichts besseres zu tun, als die „Lex AfD" genüsslich auszukosten. Denn die Neuregelung sieht auch vor, dass für die Bemessung der Kappungsgrenze künftig nicht mehr einfach die Brutto-Einnahmen einer Partei zugrundegelegt werden. Mit dieser Maßnahme soll gezielt das Finanzierungsmodell der AfD zunichte gemacht werden.

Diese betreibt einen schwunghaften Goldhandel, um sich über die Höhe der Gesamteinnahmen die vollen staatlichen Zuschüsse aufgrund der Stimmenanteile zu sichern. Künftig muss sie die Kosten für den eigenen Goldankauf verrechnen. Doch statt das Austrocknen der unerwünschten neuen Rechten zu feiern, hätte es seriösem Journalismus gut zu Gesicht gestanden, die Kritik darauf zu richten, dass die Offenlegung von Sponsoring-Aktivitäten in den Rechenschaftsberichten der Parteien auch künftig fehlen darf und es weiterhin keine Höchstgrenze für Parteispenden pro Spender und Jahr geben wird. Neben dem vehementen Einfordern von mehr Transparenz ist es längst überfällig, eine gesellschaftliche Debatte darüber anzustoßen, warum wir dem Parteienstaat einmal mehr gestatten sollen, an der Bevölkerung vorbei noch tiefer in die Steuerkasse zu greifen. Denn längst gibt es darüber hinaus auch eine automatische Steigerung der Bezüge für Bundestagsabgeordnete, mit der man sich unangenehme Diskussionen rund um weitere Diätenerhöhungen vom Hals hält. Die Berufspolitik macht sich unseren Staat zunehmend zur Beute. Das Parteienkartell hat sich unsere Demokratie einverleibt. Es wird Zeit, dass wir sie ihm wieder entreißen!

„Schülergate" in Bremen
Lupenreine Demokraten feiern den Stimmenklau

Wahlfälschungen hat es immer gegeben. Auch in noch so gefestigten Demokratien. Es wäre naiv zu glauben, unser Land bilde da eine Ausnahme. Natürlich werden auch im heutigen Deutschland Wahlergebnisse verfälscht. Nicht im großen Stil, wie dies etwa in der ehemaligen DDR der Fall war, aber doch in einem Maße, das parlamentarische Mehrheiten verändern kann. Vermutet wurde das schon lange, nun ist es also amtlich. Das Bremer Verwaltungsgericht hat festgestellt, dass das Ergebnis der Wahl zur Bremischen Bürgerschaft im Mai 2015 nicht ordnungsgemäß erfasst worden ist. Was Bremens Landeswahlleiter Jürgen Wayand als Fehler im Promillebereich zu bagatellisieren versucht, ist allerdings alles andere als eine Petitesse.

Denn die falschen Eingaben der Stimmenauszähler haben Einfluss auf die Sitzverteilung in der Bremischen Bürgerschaft. Die komfortable rot-grüne Mehrheit schrumpft von fünf auf nur mehr drei Sitze. Grund dafür ist die Zusammensetzung des Parlaments: Zwar hatte die AfD im Mai die Fünfprozenthürde in Bremen übersprungen, doch im zugehörigen Bremerhaven hatte sie diese knapp verfehlt. Mit den von den Auszählern „vergessenen" Stimmen ist ihr dies nun auch dort gelungen, was einen zusätzlichen Sitz zur Folge hat. Den bekommt die SPD abgenommen.

Das Wahlsystem im Stadtstaat Bremen macht das Auszählen nicht leicht. Es sorgt überdies dafür, dass es Tage dauert, bis überhaupt ein amtliches Wahlergebnis festgestellt werden kann. Da werden den Wählern schon mal 20-seitige DinA4-Hefte zugemutet, in denen hinter jedem einzelnen Kandidaten bis zu fünf Kreuzchen gemacht werden können. Tausende Seiten müssen in jedem Wahllokal anschließend Zeile für Zeile in den Computer eingegeben werden. Da sind Fehler vorprogrammiert. Und doch spricht die Tatsache, dass die festgestellten Mängel fast durchweg zulasten der AfD gingen, für sich. Dabei dürfte es eher eine untergeordnete Rolle spielen, dass in Bremen seit Menschengedenken die SPD die Mehrheit stellt, bis in die 1990er Jahre hinein gar die absolute.

Eher schon, dass der Stadtstaat einsam an der Spitze der Armutstabelle steht. Fast ein Viertel der Bevölkerung sind nach offizieller Lesart von Armut bedroht, so viele wie nirgendwo sonst. Linke Gesinnungen fallen nun mal vor allem bei denen auf fruchtbaren Boden, die nichts haben. Bei Jugendlichen sowieso. Und hier schließt sich der Kreis der Wahlfälschung. Im Bundesland Bremen gilt nämlich nicht nur ein besonders niedriges Wahlalter von 16 Jahren, in den Wahllokalen dürfen auch Minderjährige als Helfer eingesetzt werden. In Bremerhaven wurde die Auszählung allerdings ausschließlich von 16- bis 18-Jährigen vorgenommen – ohne jede Aufsicht. Mehr als 500 Schüler eines Gymnasiums waren geschlossen zur Besetzung der Wahllokale abkommandiert worden.

Und diese gaben allerlei Unsinn in die Computer ein. Mag vielfach Unwissenheit oder Lustlosigkeit das Motiv gewesen sein, ist mindestens ein Fall verbrieft, in dem ein Schüler der Piratenpartei 45 Stimmen geschenkt hat. Und auch die erstaunlich hohe Fehlerquote bei der Stimmenerfassung für die AfD dürfte kaum bloße Schlamperei gewesen sein. Mit dem „Schülergate"-Skandal hat sich Bremen bis auf die Knochen blamiert. Und die verschaukelten Wähler werden vom Bremer Magistrat verhöhnt, der das Kinderchaos als „besonders demokratisches Signal" bejubelt. Wenn man Halbwüchsige ihre Klassenparties in Wahllokalen feiern lässt, gibt man das hart erkämpfte Privileg freier, geheimer und gerechter Wahlen der Lächerlichkeit preis. Schlimmer noch sind die anschließenden Wortmeldungen all jener, die die Ergebnisverfälschung öffentlich in die Nähe bürgerlicher Zivilcourage rücken und damit zur Nachahmung ermuntern. Unsere Demokratie hat in diesem Jahr Schaden genommen. Wenn nun Gesinnungswächter über die Besetzung der Parlamente entscheiden, stehen wir am Beginn der dritten deutschen Diktatur innerhalb von gerade einmal achtzig Jahren.

Und dann war da auch noch das...

Die Deutschen spielen gerne. Vor allem Taktik- und Strategiespiele stehen hoch im Kurs. Da kommt das neue Spiel „Mombasa" gerade recht. Bei dem Brettspiel geht es darum, möglichst umsichtig in Afrika zu agieren, um mit den Bodenschätzen des Kontinents reich zu werden. Der geschickteste Manager, der am cleversten Handel betreibt und zur richtigen Zeit investiert, sichert sich am Ende den Sieg. Eine pfiffige Idee, die mit einer verständlichen Anleitung und einem trotz der langen Spieldauer kurzweiligen Spielverlauf hervorragend umgesetzt worden ist. Alles super also, oder? Mitnichten.

Kaum war das Spiel auf dem Markt, meldeten sich die Gutmenschen zu Wort, um die Verharmlosung der Ausbeutung Afrikas während der Kolonialzeit zu beklagen. Es spricht aber eher gegen die Erregten, dass sie eine in Afrika angesiedelte Wirtschaftssimulation ausschließlich mit der Kolonialzeit in Verbindung bringen. Dabei liefert „Mombasa" lediglich das Setting zu einem spannenden Brettspiel, ohne die Kolonialzeit zu thematisieren. Durch den initiierten Shitstorm sah sich Autor Alexander Pfister jedoch genötigt, in seinem Blog öffentlich zu bekunden, dass er diese für „ein dunkles Kapitel in der Geschichte der Menschheit" halte. Sein Hinweis, es handele sich um ein Wirtschaftsspiel und nicht um eine historische Simulation, wird allerdings kaum zur Besänftigung derer beitragen, die sich so gerne empören.

Wir leben in einer Zeit, in der einige wenige Schreihälse die Macht über das Internet erlangt haben. Ein paar Sätze der Entrüstung in einem der sozialen Netzwerke reichen heute aus, um unbescholtene Bürger in Erklärungsnot zu bringen. Das Hashtag ist die neuzeitliche Waffe der Denunzianten, die sich auf einen Zeitgeist berufen, der eine nie zuvor gekannte Erregungskultur ausgebildet hat. Und so wird das gruselige Zeitgeist-Gespenst auch 2016 weiter kräftig spuken. Doch noch gibt es Hoffnung. Wenn wir uns nicht einschüchtern lassen, ihm furchtlos entgegentreten und anderen zeigen, dass man keine Angst vor ihm haben muss, können wir dieses Gespenst irgendwann vielleicht sogar wieder vertreiben.

Ramin Peymani, im Januar 2016

Werte Leser,

wir, das Team vom JUWELEN-Verlag, freuen uns, dass Sie dieses Buch gelesen haben; und wir hoffen, dass es Ihnen ebenso gut gefällt wie uns.

In Zeiten längst überwunden geglaubter sozialistischer Denk- und Handlungsweisen wurde als notwendiger Gegenpol im Oktober 2014 JUWELEN - Der Verlag durch Susanne Kablitz gegründet, den sie nun zu einem liberalen Literatur-Anker im deutschsprachigen Raum kultivieren wird. Bücher rund um den Liberalismus, besondere Publikationen und das Online-Magazin „freiraum - Das Magazin für den klassischen Liberalismus" runden das Angebot ab.

Selbstverständlich ist es uns eine Ehre, wenn wir Ihnen auch mit unseren anderen Werken eine Freude machen und eine Bereicherung sein können. Und natürlich freuen wir uns, Sie auf unserer Homepage wieder begrüßen zu dürfen.

Ganz im Sinne des Verlagsmottos:
JUWELEN - Der Verlag
Bücher für die Freiheit

Eine Hommage an die Einzigartigkeit des Menschen

Freiheitsdenker, die sich gern publizistisch betätigen möchten und auf der Suche nach einem Verlag und einer Plattform für ihre Schriften sind, sind eingeladen, JUWELEN - Der Verlag mit einer lauten und mächtigen Stimme zu ergänzen.
Nähere Informationen hier: www.juwelenverlag.de oder hier: www.freiraum-magazin.com.